L'espagnol en 5 minutes par jour

David Tarradas Agea

FIRST Editions

L'espagnol en 5 minutes par jour

ISBN : 978-2-7540-3796-9
Dépôt légal : août 2012
Imprimé en Italie

Édition : Benjamin Ducher
Correction : Jaqueline Rouzet
Mise en page : Olivier Frenot

Éditions First
12, avenue d'Italie
75013 Paris

Tél. 01 44 16 09 00
Fax 01 44 16 09 01
E-mail : firstinfo@efirst.com
Site Internet : www.editionsfirst.fr

Introduction

Un livre pour qui ?

Pour tous ceux qui ont fait de l'espagnol au collège ou au lycée mais qui – du moins le pensent-ils – ont tout oublié. Eh oui ! Une langue que l'on n'utilise pas disparaît vite dans le fond de notre mémoire.

Pour tous ceux qui aimeraient bien revoir les bases de l'espagnol en prévision d'un voyage ou d'une rencontre avec des visiteurs étrangers – ou pour mille autres raisons qui vous appartiennent.

Pour tous ceux qui se disent régulièrement : « Il faudrait vraiment que je me (re)mette à l'espagnol mais, avec toutes mes activités, je n'ai pas le temps ! »

Le titre de ce Petit Livre vous donne la clé : « 5 minutes par jour ». Vous n'avez plus aucune excuse : tout le monde peut trouver ces 5 minutes dans sa journée.

À propos de ce Petit Livre

Ce Petit Livre est destiné à solliciter vos neurones pour faire remonter à la surface et faire revivre vos vieux souvenirs des cours d'espagnol.

Avec son mini-format si pratique, il tiendra dans votre poche ou dans votre sac à main. Vous pourrez travailler chez vous ou l'emporter où vous voulez.

Organisation du livre

Dans ce Petit Livre, vous trouverez 70 fiches ponctuées, chacune, par un ou plusieurs exercices. Lire la fiche et faire l'exercice ne vous prendra pas plus de 5 minutes !

Nous vous proposons trois sortes de fiches que vous pourrez repérer grâce à leur icône.

Les fiches de grammaire sont classées du plus simple, en début d'ouvrage, au plus complexe. Vous trouverez les corrigés des exercices en fin d'ouvrage – donc vous pourrez vérifier que vous avez bien compris le contenu de la fiche.

Les fiches de vocabulaire contiennent des listes de mots à connaître pour les utiliser dans différentes situations.

Les fiches de communication contiennent des formules et expressions à connaître pour les utiliser dans telle ou telle situation (indiquée dans le titre).

C'est à vous : faites l'exercice !
Pour vous permettre de vous exercer, certaines fiches se terminent par une mise en situation qui vous demande de rassembler les expressions données. Parfois ces tâches ne sont pas corrigées puisque le travail proposé est ouvert.

Le sommaire vous permettra de naviguer dans l'ouvrage en fonction de vos besoins.

Un livre à mettre dans votre poche pour progresser vite et bien.

Sommaire

1 L'ALPHABET ET LES SONS

L'alphabet espagnol comporte 27 lettres et 3 digraphes (combinaison de lettres) :

Lettre	Son	Lettre	Son
a (a)	[a]	**n (ene)**	[n]
b (be)	[b]	**ñ (eñe)**	[gn]
c (ce)	**(1)**	**o (o)**	[p]
ch (che)	[tch]	**p (pe)**	[p]
d (de)	[d]	**q (cu)**	[k]
e (e)	[é]	**r (ere)**	**(6)**
f (efe)	[f]	**rr (erre)**	**(7)**
g (ge)	**(2)**	**s (ese)**	[ss]
h (hache)	**(3)**	**t (te)**	[t]
i (i)	[i]	**u (u)**	[ou]
j (jota)	**(4)**	**v (uve)**	[b]
k (ka)	[k]	**w (uve doble)**	[w]
l (ele)	[l]	**x (equis)**	[ks]
ll (elle)	**(5)**	**y (i griega)**	[i]
m (eme)	[m]	**z (zeta)**	**(8)**

Quelques remarques :

(1) Devant **a**, **o** et **u**, le **c** se prononce [k] ; devant **e** et **i**, il se prononce comme le **z** (voir point **8**).

(2) Devant **a**, **o** et **u**, et devant **e** et **i** sous la forme **gu**, le **g** se prononce [g] ; devant **e** et **i**, il se prononce comme le **j** (voir point **4**).

(3) Le **h** est toujours muet.

(4) Le son de **la jota** s'obtient en faisant une sorte de raclement au fond de la gorge.

(5) Le son de la combinaison **ll** ressemble à celui de *il* dans le mot *paille*.

(6) Le son de **la ere** s'obtient en plaçant la pointe de la langue entre le palais et les dents de la partie supérieure de la bouche et en soufflant pour que la langue vibre.

(7) En début de mot et écrit **rr**, c'est un son plus roulé qu'un **r** simple.

(8) On obtient le son de **la zeta** en plaçant la pointe de la langue entre les dents de devant et en soufflant. Dans certaines régions d'Espagne ainsi qu'en Amérique du Sud, le **z** se prononce comme le **s** [ss].

Le **v** se prononce toujours [b], le même son que pour la lettre **b**.

Toutes les voyelles se prononcent séparément : **restaurante** [a-ou] (*restaurant*) ; **aire** [a-ï] (*air*) ; **euro** [é-ou] (*euro*) ; et **estadounidense** [o-ou] (*Américain des États-Unis*).

Épelez à haute voix votre prénom et votre nom de famille.

2 POUR BIEN COMMUNIQUER

Pour indiquer votre niveau de langue :

- **No hablo español.** *Je ne parle pas espagnol.*
- **Hablo un poquito español.** *Je parle un tout petit peu espagnol.*
- **Entiendo bastante bien el español, pero me cuesta hablar.** *Je comprends assez bien l'espagnol, mais j'ai du mal à parler.*
- **Estudié español en la escuela.** *J'ai étudié l'espagnol à l'école.*

> **Entender** veut dire *comprendre*, et non pas *entendre*. **Comprender** est un synonyme de ce verbe. *Entendre* se dit **oír** en espagnol.

Si vous avez du mal à comprendre :

- **¿Cómo?** *Quoi ?, Pardon ?*
- **Disculpa, pero no entiendo.** *Excuse-moi, mais je ne comprends pas.*
- **¿Lo puedes repetir?** *Peux-tu répéter ?*
- **¿Podrías hablar más alto?** *Pourrais-tu parler plus fort ?*
- **Más despacio, por favor.** *Plus lentement, s'il te plaît.*
- **¿Puedes deletrearlo?** *Peux-tu me l'épeler ?*
- **¿Cómo se escribe?** *Comment ça s'écrit ?*

Si vous ne comprenez pas :

- **No entiendo.** *Je ne comprends pas.*
- **No entiendo nada de nada.** *Je ne comprends rien du tout.*

Pour aller plus loin dans la connaissance de la langue :

- **¿Cómo se llama esto?** *Comment appelle-t-on ça ?*
- **¿Qué significa...?** *Qu'est-ce que... veut dire ?*
- **¿Cómo se pronuncia?** *Comment ça se prononce ?*
- **¿"Un rato" y "un momento" es lo mismo?** *« Un rato » et « un momento », c'est la même chose ?*

1 : Traduisez :
Je comprends un tout petit peu l'espagnol.

2 : Vous entendez un nouveau *mot* **(una palabra)**, vous demandez quelle est sa signification, comment il s'écrit, et ensuite vous demandez de l'épeler.

3 LES INDISPENSABLES DU SAVOIR-VIVRE

Pour demander de l'aide et des renseignements :

- **¿Me podría ayudar a...?** *Pourriez-vous m'aider à... ?*
- **¿Puede...?** *Pourriez-vous... ?*
- **¿Puedo...?** *Puis-je... ?*
- **¿Tiene(n)...?** *Avez-vous... ?*
- **¿Hay...?** *Y a-t-il... ?*
- **¿Dónde hay...?** *Où y a-t-il... ?*
- **Estoy buscando...** *Je cherche...*
- **Querría...|Quisiera...|Quiero...** *Je voudrais...*
- **Necesito...** *J'ai besoin...*
- **Me gustaría...** *J'aimerais...*

Les Espagnols ayant tendance à être très directs, on ne saurait que trop vous recommander de limiter volontairement votre tendance à la politesse qui pourrait être jugée excessive, voire dérangeante pour un Espagnol.
On ne dit pas : *Je pourrais avoir un café, s'il vous plaît ?*
On dit plutôt : **Ponme un café, por favor.**
Littéralement : *Sers-moi un café, s'il te plaît.*

Pour remercier :

- **(Muchas) Gracias.** *Merci (beaucoup).*
- **Gracias por su ayuda|el regalo.** *Merci pour votre aide|pour le cadeau.*
- **Te|Le estoy muy agradecido(-a) por...** *Je te|vous suis très reconnaissant(e) de...*

À quoi on répond :

- **De nada.** *De rien.*
- **No hay de qué.** *Il n'y a pas de quoi.*

Pour s'excuser ou juste pour attirer l'attention avant de demander un renseignement ou un service :

- **Por favor.** *Excusez-moi* [pour attirer l'attention].
- **Perdona|Perdone.** *Excuse-moi.|Excusez-moi.*
- **Perdón por...** *Je suis désolé(e) de...*
- **Lo siento (mucho).** *Je suis (vraiment) désolé(e).*
- **Perdón.** *Pardon* [pour s'excuser].

La réponse est normalement :

- **No pasa nada.** *Ce n'est pas grave.*

1 : Que répondez-vous à quelqu'un qui vous remercie en vous disant Gracias ?
a) Muchas gracias ; b) De nada ; c) De qué ; d) Perdón.

2 : Vous arrivez en retard chez vos amis et présentez vos excuses. Quelle formule utilisez-vous ?

4 SALUER ET PRENDRE CONGÉ

Pour *saluer* (**saludar**) en arrivant :

- **¡Buenos días!** *Bonjour !* [le matin]
- **¡Buenas tardes!** *Bonjour !* [l'après-midi]
- **¡Buenas noches!** *Bonsoir !* [la nuit]
- **¡Hola!** *Salut !, Bonjour !*
- **¡Bienvenido(-a)!** *Bienvenue !*

Pour demander à votre interlocuteur comment il va :

- **¿Qué tal?** *Ça va ?*
- **¿Cómo estás|está?** *Comment vas-tu ?|allez-vous ?*
- **(Muy) bien, gracias.** *(Très) bien, merci.*
- **¿Y tú|usted?** *Et toi|vous ?*

Ne soyez pas surpris par l'attitude décontractée et le côté très tactile des Espagnols : bises et accolades sont considérées comme une forme de spontanéité !

Pour *prendre congé* (**despedirse**) :

- **Tengo que irme.** *Je dois y aller.*
- **¡Adiós!** *Au revoir !*
- **¡Hasta ahora!** *À tout de suite !*
- **¡Hasta luego!** *À tout à l'heure !*
- **¡Hasta pronto!** *À bientôt !*
- **¡Hasta la próxima!** *À la prochaine !*
- **¡Hasta mañana!** *À demain !*
- **¡Hasta el martes|el domingo!** *À mardi|dimanche !*
- **¡Hasta el año que viene!** *À l'année prochaine !*
- **Da recuerdos a...** *Passe le bonjour à...*

Despedirse a la francesa, veut dire partir en catimini sans prendre congé de personne, c'est-à-dire, *filer à l'anglaise !*

1 : Que dites-vous en arrivant quelque part ?

a) À 16 h 00

b) À 21 h 00

c) À 11 h 00

2 : Quelle expression ne s'emploie pas pour prendre congé ?

a) ¿Qué tal?

b) ¡Adiós!

c) ¡Hasta la vista!

d) ¡Hasta luego!

5 L'ARTICLE

L'article précède le nom et s'accorde avec lui en genre et en nombre.

	déterminés		**indéterminés**	
	masc.	fém.	masc.	fém.
sing.	**el**	**la**	**un**	**una**
pl.	**los**	**las**	**unos**	**unas**

Les articles déterminés font référence à une personne ou à une chose spécifique ou unique :

- **¿Vas a la fiesta de la directora?** *Est-ce que tu vas à la soirée de la directrice ?*

Sauf quelques exceptions telles que (**los**) **Estados Unidos** (*les États-Unis*), (**la**) **China** (*la Chine*), (**la**) **India** (*l'Inde*), (**el**) **Japón** (*le Japon*), (**el**) **Perú** (*le Pérou*)... qui peuvent le porter ou pas, les noms de pays ne sont pas précédés d'article :
España es un país muy turístico. *L'Espagne est un pays très touristique.*

Les articles indéterminés font référence à un objet non spécifique :

- **Necesito un bolígrafo.** *J'ai besoin d'un stylo.*

On utilise **el** ou **un** au lieu de **la** ou **una** devant un nom féminin commençant par **a** ou **ha** accentué. Le mot reste féminin quoi qu'il arrive :
un águila (*un aigle*), **el agua salada** (*l'eau salée*) mais **la amiga** (*l'amie*) [l'accent tonique n'est pas sur la première mais sur la deuxième syllabe].

Il existe deux articles contractés :
a + el → al
Voy al cine. *Je vais au cinéma.*
de + el → del
Vuelven del supermercado. *Ils rentrent du supermarché.*

Souvent, **unos** correspond à *quelques* et non pas à *des* :
Trae unos libros. *Apporte quelques livres.*

L'article partitif (*du, de la...*) n'existe pas en espagnol :
Quiero pan. *Je veux du pain.*

L'article neutre **lo** accompagne des adjectifs, des participes passés ou des adverbes, et peut former des noms de sens général et abstrait :
lo interesante (*l'intéressant*), **lo normal** (*ce qui est normal*).

Mettez un article ou Ø (rien) :
a) Quiero ... kilo de patatas.
b) Come ... chocolate.
c) ... teléfono móvil es ... invento genial.
d) Voy a ... trabajo.
e) ¡Qué fría está ... agua!
f) ... importante es participar.

6 LES NOMS : LE GENRE

En espagnol, tous les noms ont un genre : masculin ou féminin.

Ils sont normalement masculins :

– Les noms terminés en **-o** : **el perro** (*le chien*).
– Certains noms terminés en **-a** : **el día** (*le jour*), **el problema** (*le problème*) et beaucoup de mots d'origine grecque terminés en **-ma** et **-ta** : **el drama** (*le drame*), **el planeta** (*la planète*).
– La plupart des noms terminés en **-or** et **-aje** : **el color** (*la couleur*), **el viaje** (*le voyage*).

Ils sont normalement féminins :

– Les noms terminés en **-a** : **una casa** (*une maison*).
– Certains noms terminés en **-o** : **la mano** (*la main*), **la radio** (*la radio*).
– Les noms terminés en **-zón**, **-ción**, **-sión**, **-dad**, **-tad**, **-tud** : **la razón** (*la raison*), **la verdad** (*la vérité*).

Les noms terminés en **-a** ou en **-ista** qui représentent une personne peuvent être masculins ou féminins : **un(a) policía** (*un policier, une policière*), **un(a) Belga** (*un(e) Belge*), **un(a) turista** (*un(e) touriste*).

Pour ce qui est des mots qui se terminent par une autre voyelle que **-o** ou **-a**, ou avec une consonne, il est conseillé de les apprendre avec leur genre : **el coche** (*la voiture*), **la sal** (*le sel*).

Pour former un féminin à partir du masculin :

– Les noms se terminant en **-o** le remplacent par **-a** : **el niño** (*le garçon*) → **la niña** (*la fille*).

– Ceux se terminant en **-n** et **-r** ajoutent un **-a** : **un ladrón** (*un voleur*) → **una ladrona** (*une voleuse*), **un señor** (*un monsieur*) → **una señora** (*une dame*).

– Ceux qui ont une autre terminaison ne changent pas : **un(a) estudiante** (*un étudiant|une étudiante*).

– Les deux formes, masculin et féminin, peuvent être complètement différentes : **un hombre** (*un homme*)|**una mujer** (*une femme*), **un actor** (*un acteur*)|**una actriz** (*une actrice*).

Attention ! Il existe toutefois de nombreuses exceptions, notamment dans les noms de nationalité : **un español** (*un Espagnol*) → **una española** (*une Espagnole*).

Indiquez si les mots suivants sont masculins, féminins ou les deux :

a) botella ; b) euro ; c) estudiante ; d) coche ; e) casa ; f) mano ; g) problema ; h) artista ; i) gato ; j) animal ; k) amor ; l) electricidad ; m) dinero ; n) agua.

7 LES NOMS : LE NOMBRE

Pour former le pluriel des noms qui se terminent par une voyelle (avec ou sans accent écrit), il suffit de rajouter un **-s** final :
un libro (*un livre*) → **tres libros**,
un sofá (*un canapé*) → **dos sofás**.

Les noms qui se terminent en **-í**, avec une consonne ou un **-s** (mots d'une syllabe ou avec accent écrit sur la dernière syllabe) ont un pluriel en **-es** :
un jabalí (*un sanglier*) → **cuatro jabalíes**
un color (*une couleur*) → **cinco colores**
un gas (*un gaz*) → **unos gases**
un interés (*un intérêt*) → **unos intereses**.

Lorsque les mots se terminent par un **-z**, il faut remplacer celui-ci par **-ces** : **una vez** (*une fois*) → **varias veces** (*plusieurs fois*).

Quand on met un mot au pluriel, il est parfois nécessaire, soit de supprimer un accent écrit, soit d'en rajouter un :
un autobús (*un autobus*) → **dos autobuses**
una canción (*une chanson*) → **cuatro canciones**
una orden (*un ordre*) → **varias órdenes**

Les noms qui se terminent en **-s** (mais ne font pas partie des cas cités précédemment, c'est-à-dire des mots de plus d'une syllabe et qui ne sont pas accentués sur la dernière syllabe) restent invariables :
el atlas (*l'atlas*) → **los atlas**
la crisis (*la crise*) → **las crisis**.

Mettez ces noms au pluriel :

a) una mujer
b) el niño
c) la fiesta
d) una nación
e) el tabú
f) un pez
g) el color
h) un señor
i) una actriz
j) un análisis

8 LES PRONOMS SUJETS

Pronoms personnels ayant la fonction de sujet :

sing.	1re	**yo**	*je*
	2e	**tú**	*tu*
	3e	**él** **ella** **usted**	*il* *elle* *vous* (de politesse, sing.)
pl.	1re	**nosostros**	*nous* (masc.)
		nosotras	*nous* (fém.)
	2e	**vosostros**	*vous* (tutoiement pl. masc.)
		vosotras	*vous* (tutoiement pl. fém.)
	3e	**ellos** **ellas** **ustedes**	*ils* *elles* *vous* (de politesse, pl.)

Le sujet n'est pas systématiquement employé comme en français :

- **Me llamo Javier.** *Je m'appelle Javier.* (et non pas ***Yo me llamo Javier**).

Ils sont surtout utilisés pour :

– marquer l'insistance :

- **Él no está de acuerdo.** *Lui, il n'est pas d'accord.*

– souligner une opposition :

- **Yo trabajo mientras que tú no haces nada.** *Moi, je travaille, tandis que toi, tu ne fais rien.*

– éviter une ambiguïté possible :

- **¿Dónde vive usted?** *Où habitez-vous ?* [sans cette précision, cela peut vouloir dire aussi *Où habite-t-il ?* ou *Où habite-t-elle ?*]

Attention ! Comme en français, il suffit d'un seul sujet masculin au milieu de plusieurs sujets féminins pour que le masculin l'emporte : **yo, Tomás y sus hermanas** (*moi, Tomás et ses sœurs*) = **nosotros** (*nous*).

Remarquez que **vosotros** (et sa forme féminine **vosotras**) correspond à *vous*, tutoiement au pluriel.
Le *vous* de politesse espagnol est en fait une forme de 3ᵉ personne : **usted** et **ustedes** correspondent respectivement au vouvoiement singulier et pluriel.

Indiquez à quel pronom sujet correspondent :

a) Carmen y Lola
b) Carlos, María y tú
c) Tomás, sus hermanas, y yo
d) Alejandro y Susana
e) Su esposo y usted

9 *SER* OU *ESTAR* ?

Il y a deux verbes *être* en espagnol : **ser** et **estar**.

	estar	ser
(yo)	**estoy**	**soy**
(tú)	**estás**	**eres**
(él, ella; usted)	**está**	**es**
(nosotros, -as)	**estamos**	**somos**
(vosotros, -tras)	**estáis**	**sois**
(ellos, ellas; ustedes)	**están**	**son**

Ser s'emploie pour :

– identifier une personne ou une chose :

- **Esto es un plato típico vasco.** *Ça c'est un plat typiquement basque.*

– définir un état permanent :

- **Rosa y yo somos hermanos.** *Rosa et moi, nous sommes frère et sœur.*

– indiquer une qualité intrinsèque :

- **Elena es simpática.** *Elena est sympathique.*
- **Esta caja es de plástico.** *Cette boîte est en plastique.*

– indiquer une nationalité, une idéologie ou un métier :

- **Julián es abogado.** *Julián est avocat.*

– indiquer la date, le temps, une quantité ou un prix :

- **Hoy es martes.** *Aujourd'hui, on est mardi.*
- **¿Cuánto es esto?** *C'est combien ?*

Estar s'emploie pour :

– définir un état passager :

- **La puerta está cerrada.** *La porte est fermée.*
- **Este asiento está ocupado.** *Cette place est occupée.*

– parler d'un état physique ou moral passager :

- **Estoy cansada.** *Je suis fatiguée.*
- **Están tristes.** *Ils sont tristes.*

– indiquer une position :

- **¿Dónde están las llaves?** *Où sont les clés ?*

Si vous pouvez remplacer *être* par *se trouver*, cela implique qu'en espagnol on emploiera **estar**. Si vous pouvez remplacer *être* par *avoir lieu*, employez **ser**.

Bilbao está en el norte de España. *Bilbao est (= se trouve) dans le nord de l'Espagne.*

La reunión es en mi despacho. *La réunion est (= a lieu) dans mon bureau.*

Écrivez la forme correspondante des verbes **ser** ou **estar** :

a) Jorge ... inteligente.

b) La mesa ... de madera.

c) La mesa ... sucia.

d) Las llaves ... sobre la mesa.

10 LES PRÉSENTATIONS

Pour se présenter :

- **Hola, soy...** *Salut, je suis...*
- **Me llamo...** *Je m'appelle...*

Pour présenter quelqu'un :

- **Me gustaría presentarle|presentarte a...** *J'aimerais vous|te présenter...*
- **Le|Te presento a mi novio(-a).** *Je vous|te présente mon copain|ma copine.*
- **Esta es Marion, mi mujer.** *Voici Marion, mon épouse.*
- **Este es el señor Durand.** *Voici monsieur Durand.*

Pour répondre lorsqu'on vous présente quelqu'un :

- **¡Encantado(-a)!** *Enchanté(e) !*
- **¡Encantado(-a) de conocerlo(-a)!** *Ravi(e) de faire votre connaissance !*
- **Mucho gusto.** *C'est un plaisir.*
- **Es un placer conocerle(-a).** *C'est un plaisir de faire votre connaissance.*

Les mots **señor** (*monsieur*), **señora** (*madame*) et **señorita** (*mademoiselle*) – ce dernier étant très peu utilisé – sont précédés de l'article qui leur correspond lorsque la personne est désignée en tant que tiers ou qu'elle est absente :

Le presento a la señora Torres. *Je vous présente Mme Torres.*

De façon un peu informelle, on peut aussi ajouter :

¿Entonces tú eres el famoso Arturo? *Alors, c'est toi le fameux Arturo ?*

Ensuite, on répond à nouveau :

- **El gusto es mío.** *Le plaisir est pour moi.*
- **Igualmente.** *Moi de même.*

El tuteo (*tutoiement*) est beaucoup plus naturel et fréquent en Espagne qu'en France. Il ne sert pas à déterminer le degré d'intimité avec un interlocuteur, ni ne doit être perçu comme un signe de familiarité excessive. Voilà pourquoi le **tú** a souvent été le parti pris dans les exemples des phrases de cet ouvrage. **Usted** et **ustedes** correspondent au vouvoiement de politesse français ; on réservera cette forme pour s'adresser aux personnes âgées, à ses supérieurs hiérarchiques, pour marquer de la déférence.

1 : Indiquez si l'on tutoie ou si l'on vouvoie :

a) ¡Encantada de conocerte!

b) Le presento a mi secretaria.

2 : Vous rencontrez une connaissance que vous saluez et à qui vous présentez la personne qui vous accompagne. Rédigez la conversation.

11 LE CORPS HUMAIN

Les principales *parties du corps* (**las partes del cuerpo**) :

■ **la cabeza**	*la tête*
■ **la cara**	*le visage*
■ **el pelo**	*les cheveux*
■ **la frente**	*le front*
■ **el ojo**	*l'œil*
■ **la oreja**	*l'oreille*
■ **la nariz**	*le nez*
■ **la boca**	*la bouche*
■ **el labio**	*la lèvre*
■ **la lengua**	*la langue*
■ **el cuello**	*le cou*
■ **el hombro**	*l'épaule*
■ **el pecho**	*la poitrine*
■ **la barriga**	*le ventre*
■ **la espalda**	*le dos*

La espalda est un faux ami qui désigne *le dos*. En espagnol, *l'épaule* se dit **el hombro**.

■ **la cadera**	*la hanche*
■ **el pene**	*le pénis*
■ **la vagina**	*le vagin*
■ **el culo**	*les fesses*
■ **el brazo**	*le bras*
■ **el codo**	*le coude*
■ **la muñeca**	*le poignet*

- **la mano** *la main*
- **el dedo** *le doigt*
- **la pierna** *la jambe*
- **el muslo** *la cuisse*
- **la rodilla** *le genou*
- **el tobillo** *la cheville*
- **el pie** *le pied*
- **el dedo del pie** *l'orteil*

Indiquez la partie du corps associée aux cinq sens (**los cinco sentidos**) :

a) La vista: los ... sirven para mirar.
b) El oído: las ... sirven para oír.
c) El gusto: la ... sirve para captar los sabores.
d) El olfato: la ... sirve para oler.
e) El tacto: las ... sirven para tocar.

12 LES VÊTEMENTS

Les principaux mots relatifs aux *vêtements* (**la ropa**) :

- **la camiseta** — *le tee-shirt*
- **la camisa** — *la chemise*
- **la blusa** — *le chemisier*
- **el suéter** ou **el jersey** — *le pull*
- **los pantalones** — *le pantalon*
- **los vaqueros** ou **los tejanos** — *le jean*
- **los pantalones cortos** — *le short*
- **la falda** — *la jupe*
- **el vestido** — *la robe*
- **el traje** — *le costume, le tailleur*
- **la chaqueta** — *la veste*
- **la cazadora** — *le blouson*
- **el abrigo** — *le manteau*

La plupart du temps, on emploie **los pantalones, los vaqueros** et **los tejanos** au pluriel, mais ce mot désigne un seul vêtement.

La ropa est un faux ami qui désigne *les vêtements*. En espagnol, *la robe* se dit **el vestido**.

Les principaux mots relatifs aux *sous-vêtements* (**la ropa interior**) :

- **los calzoncillos** — *le caleçon*
- **el eslip** — *le slip*
- **las bragas** — *la culotte*

- **el sujetador** ou **el sostén** — *le soutien-gorge*
- **el calcetín** — *la chaussette*
- **las medias** — *les bas*

Les principaux mots relatifs aux *chaussures* (**el calzado**) :

- **el zapato** — *la chaussure*
- **la (zapatilla) deportiva** — *la basket*
- **la bota** — *la botte*
- **la sandalia** — *la sandale*
- **la chancleta** — *la tong*
- **el tacón** — *le talon*
- **el cordón** — *le lacet*

Avec les vêtements, on emploie souvent les verbes **tener** (*avoir*) et **llevar** (*porter*).

Quelques *accessoires* (**los accesorios**) :

- **el cinturón** — *la ceinture*
- **la corbata** — *la cravate*
- **el sombrero** — *le chapeau*
- **la gorra** — *la casquette*

1 : Un de ces éléments ne fait pas partie de la garde-robe féminine. Lequel ?
a) las bragas ; b) el vestido ; c) el sujetador ; d) la blusa ; e) los calzoncillos ; f) los vaqueros ; g) la camiseta.

2 : Décrivez votre tenue le plus précisément possible.

13 DÉCRIRE L'ASPECT PHYSIQUE

Pour parler du sexe :

- **Es un hombre|una mujer.** *C'est un homme|une femme.*

> Pour faire une description physique, on emploie avant tout **ser**.

Pour parler de l'âge :

- **Es joven|viejo(-a).** *Il|Elle est jeune|vieux (vieille).*
- **Tiene xx años.** *Il|Elle a xx ans.*

Pour parler de la taille :

- **Es alto(-a)|bajo(-a).** *Il|Elle est grand(e)|petit(e).*
- **Mide un metro y ochenta centímetros.** *Il|Elle mesure un mètre et quatre-vingts centimètres.*
- **Es delgado(-a)|gordo(-a).** *Il|Elle est mince|gros(se).*
- **Pesa unos setenta kilos.** *Il|Elle pèse environ soixante-dix kilos.*

> **Bajo(-a)** et **alto(-a)** signifient *petit(e)* et *grand(e)* lorsqu'on fait référence à la taille d'une personne ; **pequeño(-a)** et **grande** signifient aussi *petit(e)* et *grand(e)*, mais plutôt lorsqu'il s'agit d'une chose.

Pour parler des cheveux :

- **Es rubio|moreno|castaño|pelirrojo.** *Il|Elle est blond(e)|brun(e)|châtain(e)|roux (rousse).*
- **Es calvo.** *Il est chauve.*
- **Tiene el pelo corto|largo.** *Il|Elle a les cheveux courts|longs.*

- **Tiene el pelo liso|rizado.** *Il|Elle a les cheveux raides|frisés.*

Pour parler d'autres caractéristiques et signes distinctifs :

- **Tiene los ojos marrones|azules|verdes.** *Il|Elle a les yeux marron|bleus|verts.*
- **Lleva bigote|barba.** *Il a une moustache|porte la barbe.*
- **Tiene pecas.** *Il|Elle a des taches de rousseur.*
- **Lleva gafas|joyas.** *Il|Elle porte des lunettes|des bijoux.*
- **Lleva una camiseta y unos vaqueros.** *Il|Elle porte un tee-shirt et un jean.*

Pour faire des considérations plus subjectives :

- **Es guapo(-a)|atractivo(-a)|feo(-a).** *Il|Elle est beau (belle)|séduisant(e)|moche.*

Quelqu'un va chercher votre ami Pablo à la gare. Vous décrivez cet ami qui est jeune, grand, mince. Il a les yeux verts et de longs cheveux blonds. Il porte des lunettes. Il est très beau.

14 LES ADJECTIFS

L'adjectif qualificatif s'accorde en genre et en nombre avec le nom et se place normalement après le nom qu'il qualifie : **un día soleado** (*une journée ensoleillée*).

Comme en français, certains adjectifs courants courts se placent normalement avant le nom :
una mala idea (*une mauvaise idée*)
une verdadero desastre (*un vrai désastre*)

Pour former un féminin à partir du masculin :

– Les adjectifs se terminant en **-o** remplacent ce dernier par **-a** : **blanco** (blanc) → **blanca** (*blanche*).

– Ceux se terminant en **-r** ajoutent un **-a** : **encantador** (*charmant*) → **encantadora** (*charmante*).

– Ceux qui ont une autre terminaison ne changent pas : **inteligente** (*intelligent(e)*).

Attention ! Les noms de nationalité ajoutent un **a** aux adjectifs se terminant en **-l**, **-s** et **-n** (et perdent dans certains cas leur accent) : **español** (*espagnol*) → **española** (*espagnole*), **francés** (*français*) → **francesa** (*française*), **alemán** (*allemand*) → **alemana** (*allemande*).

Le pluriel se forme comme pour les noms, donc, la plupart du temps, on rajoute :

– Un **-s** final lorsque l'adjectif s'achève par une voyelle : **suave** (*doux*) → **suaves**.

– Un **-es** s'il finit par une consonne : **azul** (*bleu*) → **azules**, **capaz** (*capable*) → **capaces**.

(voir la fiche **7** sur *Les noms : le nombre* pour retrouver tous les cas).

Certains adjectifs perdent la voyelle finale lorsqu'ils sont devant un nom masculin singulier, comme **bueno** (*bon*), **malo** (*mauvais*), **primero** (*premier*), **tercero** (*troisième*), **alguno** (*quelque*), **ninguno** (*aucun*) :
un ejemplo bueno mais **un buen ejemplo** (*un bon exemple*).
Certains adjectifs perdent la dernière syllabe lorsqu'ils sont devant un nom, comme **grande** (*grand*) :
una piscina grande mais **una gran piscina** (*une grande piscine*).

1 : Mettez au féminin :

a) Mi amigo alemán es bajo y gordo.
b) Es un chico serio y trabajador.

2 : Mettez au pluriel :

a) Este medicamento es muy eficaz.
b) Tiene un bolso pequeño y marrón.

15 LES POSSESSIFS (1)

Certains adjectifs possessifs se placent avant le nom :

	sing.		pl.	
	masc.	fém.	masc.	fém.
de yo	**mi** (*mon, ma*)		**mis** (*mes*)	
de tú	**tu** (*ton, ta*)		**tus** (*tes*)	
de él, ella, usted	**su** (*son, sa*)		**sus** (*ses*)	
de nosotros(-as)	**nuestro** (*notre*)	**nuestra** (*notre*)	**nuestros** (*nos*)	**nuestras** (*nos*)
de vosotros(-as)	**vuestro** (*votre*)	**vuestra** (*votre*)	**vuestros** (*vos*)	**vuestras** (*vos*)
de ellos, ellas, ustedes	**su** (*leur*)		**sus** (*leurs*)	

Ils s'accordent avec le nom qui suit :

- **Te presto este libro.** *Je te prête ce livre.*
- **¿Conoce a nuestra directora?** Connaissez-vous notre directrice ?

Su et **sus** = **de él**, **de ella**, **de usted**, **de ellos**, **de ellas**, **de ustedes**.

On n'emploie pas les possessifs avec les parties du corps et, de façon générale, quand il n'y a aucun doute sur le possesseur : **He perdido las gafas.** *J'ai perdu mes lunettes.*

Il y a deux verbes *avoir* en espagnol : **haber** et **tener**. Pour indiquer la possession, on emploie **tener**.

(yo)	**tengo**
(tú)	**tienes**
(él, ella ; usted)	**tiene**
(nosotros, -as)	**tenemos**
(vosotros, -as)	**tenéis**
(ellos, ellas ; ustedes)	**tienen**

■ **Tiene mucho dinero.** *Il a beaucoup d'argent.*

Choisissez le possessif correspondant :

a) Yo me parezco a ... madre.

b) Tenemos que respetar ... planeta.

c) ¿Irá usted acompañado de ... esposa, señor Vega?

16 LES POSSESSIFS (2)

Certains adjectifs possessifs se placent après le nom :

	sing.		pl.	
	masc.	fém.	masc.	fém.
de yo	**mío** *(mon)*	**mía** *(ma)*	**míos** *(mes)*	**mías** *(mes)*
de tú	**tuyo** *(ton)*	**tuya** *(ta)*	**tuyos** *(tes)*	**tuyas** *(tes)*
de él, ella, usted	**suyo** *(son)*	**suya** *(sa)*	**suyos** *(ses)*	**suyas** *(ses)*
de nosotros(-as)	**nuestro** *(notre)*	**nuestra** *(notre)*	**nuestros** *(nos)*	**nuestras** *(nos)*
de vosotros(-as)	**vuestro** *(votre)*	**vuestra** *(votre)*	**vuestros** *(vos)*	**vuestras** *(vos)*
de ellos, ellas, ustedes	**suyo** *(leur)*	**suya** *(leur)*	**suyos** *(leurs)*	**suyas** *(leurs)*

Ils s'accordent avec le nom qui précède.

Employés avec **ser**, ils signifient : *à moi, à toi...*

- **Este bolígrafo es mío.** *Ce stylo est à moi.*

Ils permettent de faire référence à un élément indéfini qui fait partie d'un ensemble :

- **Un amigo mío vive en Colombia.** *L'un de mes amis habite en Colombie.*

■ **Algunos amigos nuestros me han recomendado esa película.** *Des amis à nous nous ont recommandé le film.*

Pour former le pronom possessif, on le fait précéder de l'article déterminé correspondant : **el mío** (*le mien*), **la tuya** (*la tienne*)...

■ **Tu hija es ya mayor. La nuestra solo tiene un año.** *Ta fille est déjà grande. La nôtre a seulement un an.*

Mettez le pronom possessif correspondant :

a) Mi ordenador es nuevo, pero prefiero el de Julián: ... es más rápido.

b) Necesitaremos sillas. Nosotros traeremos ... y vosotros traed ...

c) ¿No tienes paraguas? Si quieres, te presto...

17 DONNER DES RENSEIGNEMENTS PERSONNELS

Pour parler du nom :

- **¿Cómo te llamas?** *Comment tu t'appelles ?*
- **Me llamo..., ¿y tú?** *Je m'appelle..., et toi ?*

Pour parler de l'âge :

- **¿Qué edad tienes?** ou **¿Cuántos años tienes?** *Quel âge as-tu ?*
- **¿Cuándo es tu cumpleaños?** *C'est quand ton anniversaire ?*
- **Tengo xx años.** *J'ai xx ans.*

Pour parler du lieu de naissance, de l'endroit d'où l'on vient :

- **¿Dónde naciste?** *Où est-ce que tu es né(e) ?*
- **¿De dónde eres?** *D'où viens-tu ?*
- **Soy francés(-esa)|belga.** *Je suis français(e)|belge.*
- **Soy de Marsella, pero vivo en París.** *Je suis de Marseille, mais j'habite Paris.*

Pour parler du domicile :

- **¿Dónde vives?** *Où est-ce que tu habites ?*
- **Vivo en Estrasburgo.** *J'habite Strasbourg.*

Pour parler du métier :

- **¿Qué haces?** ou **¿A qué te dedicas?** *Que fais-tu dans la vie ?*
- **Soy estudiante|arquitecto(-a).** *Je suis étudiant(e)|architecte.*

- **Trabajo en la publicidad.** *Je travaille dans la pub.*
- **Estoy en el paro.** *Je suis au chômage.*
- **Estoy jubilado(-a).** *Je suis retraité(e).*

Pour évoquer la nationalité ou le métier, on emploie **ser**.

Pour parler de la situation familiale :

- **Estoy soltero(-a)|casado(-a)|divorciado(-a).** *Je suis célibataire|marié(e)|divorcé(e).*
- **Tengo pareja.** *Je suis en couple.*
- **Soy viudo(-a).** *Je suis veuf (veuve).*
- **¿Tienes hijos?** *As-tu des enfants ?*
- **Tenemos un niño de ocho años.** *On a un garçon de huit ans.*
- **No tenemos niños.** *Nous n'avons pas d'enfants.*

Vous venez de rencontrer quelqu'un, et vous vous présentez. Vous lui dites votre nom, votre âge, d'où vous êtes, où vous habitez, quel est votre métier et votre situation familiale. Rédigez la conversation.

18 LA FAMILLE

Quelques membres de *la famille* (**la familia**) :

- **el esposo** ou **el marido** *l'époux* ou *le mari*
- **la esposa** ou **la mujer** *l'épouse* ou *la femme*
- **el padre**, **la madre** *le père, la mère*
- **el (la) hijo (-a)** *le fils, la fille*
- **el (la) hermano(-a)** *le frère, la sœur*
- **el (la) tío(-a)** *l'oncle, la tante*
- **el (la) primo(-a)** *le cousin, la cousine*
- **el (la) sobrino(-a)** *le neveu, la nièce*
- **el (la) abuelo(-a)** *le grand-père, la grand-mère*
- **el (la) nieto(-a)** *le petit-fils, la petite-fille*
- **el (la) suegro(-a)** *le beau-père, la belle-mère* (le père et la mère du conjoint)
- **el yerno**, **la nuera** *le gendre, la belle-fille* (conjoints des enfants)
- **el (la) cuñado(-a)** *le beau-frère, la belle-sœur* (le frère et la sœur du conjoint)
- **el padrastro**, **la madrastra** *le beau-père, la belle-mère* (nouveaux conjoints des parents)
- **el (la) hijastro(-a)** *le beau-fils, la belle-fille* (enfants du nouveau conjoint)
- **el (la) hermanastro(-a)** *le demi-frère, la demi-sœur*

Attention ! Dans les cas de parenté, le masculin pluriel englobe les deux genres à la fois : **los padres** (*les pères ; les parents*), **los hijos** (*les fils ; les enfants*), **los hermanos** (*les frères ; les frères et sœurs*), **los abuelos** (*les grands-pères ; les grands-parents*), **los nietos** (*les petits-fils ; les petits-enfants*), **los sobrinos** (*les neveux ; les neveux et nièces*) **los suegros** (*les beaux-pères ; les beaux-parents*).

–¿Tienes hermanos? –Sí, tengo dos hermanos y una hermana.
– As-tu des frères et sœurs ? – Oui, j'ai deux frères et une sœur.

Indiquez le membre de la famille dont il s'agit :

a) La madre del padre.
b) La madre del esposo.
c) El hermano de la madre.
d) El hijo del hermano del padre.

19 LES MÉTIERS

Quelques noms de *métiers* (**profesiones**) :

- **el (la) carnicero(-a)** *le (la) boucher(-ère)*
- **el (la) pescadero(-a)** *le (la) poissonnier(-ère)*
- **el (la) panadero(-a)** *le (la) boulanger(-ère)*
- **el (la) albañil** *le maçon*
- **el (la) pintor(a)** *le peintre*
- **el (la) electricista** *l'électricien*
- **el (la) fontanero(la)** *le plombier*
- **el (la) peluquero(-a)** *le (la) coiffeur(-euse)*
- **el (la) mecánico(-a)** *le garagiste*
- **el (la) abogado(-a)** *l'avocat(e)*
- **el (la) médico(-a)** *le médecin*
- **el (la) enfermero(-a)** *l'infirmier(-ère)*
- **el (la) arquitecto(-a)** *l'architecte*
- **el (la) ingeniero(-a)** *l'ingénieur*
- **el (la) informático(-a)** *l'informaticien(ne)*
- **el (la) oficinista** *l'employé(e) de bureau*
- **el (la) funcionario(-a)** *le (la) fonctionnaire*
- **el (la) cartero(-a)** *le (la) facteur(-trice)*
- **el (la) cocinero(-a)** *le (la) cuisinier(-ère)*
- **el (la) camarero(-a)** *le (la) serveur(-euse)*
- **el (la) dependiente(-a)** *le (la) vendeur(-euse)*
- **el auxiliar de vuelo** *le steward*
- **la azafata** *l'hôtesse de l'air*
- **el (la) taxista** *le chauffeur de taxi*
- **el (la) obrero(-a)** *l'ouvrier(-ère)*
- **el (la) agricultor(a)** *l'agriculteur(-trice)*

On emploie **ser** pour indiquer le métier :
Mi madre es enfermera. *Ma mère est infirmière.*

En espagnol, la tendance est à la féminisation des noms désignant les professions et les postes :
el profesor|la profesora → *le professeur.*

Les noms de métiers terminés en **–ista** peuvent-être masculins ou féminins :
el (la) periodista → *le (la) journaliste*

Indiquez le professionnel dont il s'agit :

a) Sirve en un restaurante.
b) Defiende los intereses de sus clientes.
c) Confecciona pan.
d) Repara las instalaciones sanitarias y de agua.
e) Peina y corta el pelo.

20 DÉCRIRE LE CARACTÈRE

Pour parler du *caractère* **(el carácter)** :

- **Tiene buen|mal carácter.** *Il|Elle a bon|mauvais caractère.*

Pour parler des *qualités* **(las calidades)** :

- **Es muy majo(-a)** ou **simpático(-a) y extrovertido(-a).** *Il|Elle est très sympathique et extraverti(e).*
- **Me parece una persona seria, sincera y discreta.** *Il|Elle me semble être une personne sérieuse, sincère et discrète.*
- **Lo|La encuentro muy humilde|sencillo(-a).** *Je le|la trouve très humble|simple.*
- **Es bastante divertido(-a) y sociable.** *Il|Elle est assez drôle et sociable.*
- **¡Qué bueno(-a) y generoso(-a) que es!** *Qu'il|elle est gentil(le) et généreux(-euse) !*
- **¡Vaya chico(-a) tan valiente!** *Quel(le) garçon (fille) courageux(-euse) !*
- **Es alguien muy amable|abierto|optimista.** *C'est quelqu'un de très aimable|ouvert d'esprit|optimiste.*
- **Es buena persona.** *C'est quelqu'un de bien.*
- **Es alguien muy bien educado.** *C'est quelqu'un de très poli.*

Pour décrire le caractère, on emploie essentiellement **ser**.

Pour parler des *défauts* (**los defectos**) :

- **Es muy antipático(-a) e introvertido(-a).** *Il|Elle est très antipathique et introverti(e).*
- **Me parece una persona mentirosa e hipócrita.** *Il|Elle me semble être une personne menteuse et hypocrite.*
- **Lo|La encuentro muy raro(-a).** *Je le|la trouve très bizarre.*
- **Es bastante aburrido(-a) y tímido(-a).** *Il|Elle est assez ennuyeux(-euse) et timide.*
- **¡Qué malo(-a) y orgulloso(-a) que es!** *Qu'il|elle est méchant(e) et orgueilleux(-euse) !*
- **¡Vaya chico(-a) tan cobarde|celoso(-a)!** *Quel(le) garçon (fille) lâche|jaloux(-ouse) !*
- **Es alguien muy grosero cerrado pesimista.** *C'est quelqu'un de très grossier|étroit d'esprit|pessimiste.*

Selon qu'on les emploie avec **ser** ou avec **estar**, certains adjectifs ont un sens différent :
ser serio (*être sérieux*) [être quelqu'un de fiable et de formel] et **estar serio** (*être sérieux*) [ne pas sourire]
ser orgulloso (*être orgueilleux*) [vaniteux] et **estar orgulloso de** (*être fier de*)

Donnez les adjectifs contraires :
a) simpática ; b) sincero ; c) valiente ; d) divertida ; e) orgulloso ; f) grosera.

21 DÉCRIRE DES OBJETS

Pour parler de la forme :

- **¿Cómo es?** *Comment est-il ?*
- **¿Qué forma tiene?** *Quelle forme a-t-il ?*
- **Es redondo|cuadrado|rectangular|triangular.** *Il est rond|carré|rectangulaire|triangulaire.*

Pour parler des dimensions :

- **¿Qué tamaño tiene?** *Quelle taille fait-il ?*
- **¿Cuánto mide de alto|de largo|de ancho?** *Combien mesure-t-il en hauteur|en longueur|en largeur ?*
- **¿Es pequeño o grande?** *Est-il petit ou grand ?*
- **¿Es ligero o pesado?** *C'est léger ou c'est lourd ?*
- **Mide dos metros de alto.** *Il mesure deux mètres de haut.*
- **Pesa 2 kilos.** *Il pèse deux kilos.*

Pour parler de la matière :

- **¿De qué está hecho?** *En quoi est-ce fait ?*
- **Es de plástico|madera|cristal|tela|metal|piel.** *C'est en plastique|bois|verre|tissu|métal|cuir.*

> Notez que pour indiquer la matière dans laquelle une chose est faite, on emploie **de** (et non pas **en**).

Pour parler de la couleur :

- **¿De qué color es?** *De quelle couleur est-il ?*
- **Es blanco|negro|gris.** *Il est blanc|noir|gris.*
- **rojo(-a)** *rouge*
- **naranja** *orange*

- **amarillo(-a)** *jaune*
- **verde** *vert(e)*
- **azul** *bleu(e)*
- **violeta** *violet(te)*
- **marrón** *marron*
- **rosa** *rose*

Pour parler de l'utilité :

- **¿Para qué sirve?** *À quoi ça sert ?*
- **Sirve para…** *Ça sert à…*
- **Es muy útil|completamente inútil.** *C'est très utile|complètement inutile.*

Pour parler d'autres caractéristiques :

- **Es nuevo|viejo|duro|blando|bonito|feo.** *C'est neuf|vieux|dur|mou|beau|laid.*
- **Está vacío|lleno.** *C'est vide|plein.*

Les adjectifs démonstratifs permettent d'indiquer un éloignement progressif dans l'espace ou dans le temps par rapport au locuteur. Ils s'accordent en genre et en nombre avec le nom qu'ils déterminent.
Du plus rapproché au plus éloigné : **este** (*ce …-ci*) – et **esta**, **estos** et **estas** –, **ese** (*ce …-là*) – et **esa**, **esos** et **esas** –, et **aquel** (*ce …-là-bas*) – et **aquella**, **aquellos** et **aquellas**.

Vous avez perdu quelque chose, vous allez aux objets trouvés et vous devez en faire une description. C'est petit et rectangulaire. C'est marron, en cuir. C'est neuf. Ça sert à ranger l'argent.

22 LA MAISON ET LE MOBILIER

Les parties d'une *maison* (**la casa**) :

- **la entrada** ou **el vestíbulo** — *l'entrée*
- **el pasillo, el corredor** — *le couloir*
- **el comedor** — *la salle à manger*
- **la sala de estar** — *le séjour*
- **la cocina** — *la cuisine*
- **el cuarto de baño** — *la salle de bains*
- **el dormitorio** ou **la habitación** — *la chambre à coucher*
- **el lavadero** — *la buanderie*
- **el trastero** — *le débarras*

Quelques *meubles* (**los muebles**) et *appareils électroménagers* (**los electrodomésticos**) :

- **la mesa** — *la table*
- **la silla** — *la chaise*
- **el sillón** ou **la butaca** — *le fauteuil*
- **el sofá** — *le canapé*
- **la alfombra** — *le tapis*
- **la estantería** — *l'étagère*
- **el televisor de pantalla plana** — *le téléviseur à écran plat*
- **la nevera** ou **el frigorífico** — *le réfrigérateur*
- **la lavadora** — *le lave-linge*
- **el lavavajillas** — *le lave-vaisselle*
- **el váter** — *les W.-C.*

- **el lavabo** *le lavabo*
- **la ducha** *la douche*
- **la bañera** *la baignoire*
- **la cama** *le lit*
- **el armario** *l'armoire*
- **el horno** *le four*
- **el microondas** *le micro-ondes*
- **la cafetera** *la cafetière*

Pour décrire son *logement* (**la vivienda**) :

- **El piso está situado en la planta baja|en el tercer piso.** *L'appartement se situe au rez-de-chaussée|au troisième étage.*
- **Es un edificio antiguo|nuevo.** *C'est un immeuble ancien|moderne.*
- **Mide en su totalidad 200 m^2, 50 son de terraza.** *Il mesure 200 m^2* en tout, *dont 50 de terrasse.*
- **Todas las habitaciones son muy espaciosas, luminosas y soleadas.** *Toutes les pièces sont très spacieuses, lumineuses et ensoleillées.*
- **El piso está recién remodelado, es moderno y absolutamente confortable.** *L'appartement vient d'être rénové, il est moderne et extrêmement confortable.*

Séparez en éléments de la cuisine et de la salle de bains. Un intrus s'est glissé dans la liste...
a) el lavabo ; b) la nevera ; c) la ducha ; d) la cama ; e) el espejo ; f) el microondas ; g) la bañera ; h) la cafetera.

23 COMPARER

Comparatif d'égalité :

– **tan** + adjectif + **como...** (*aussi* + adjectif + *que...*)

- **Lola es tan guapa como su madre.** *Lola est aussi belle que sa mère.*

– **tanto(-a)** + nom + **como...** (*autant de* + nom + *que...*)

- **El alcohol tiene tantas calorías como la grasa.** *L'alcool contient autant de calories que la graisse.*

– verbe + **tanto como...** (verbe + *autant que...*)

- **Trabajo tanto como tú.** *Je travaille autant que toi.*

Comparatif de supériorité : **más... que...** (*plus... que...*)

- **Mi hermana duerme más que yo.** *Ma sœur dort plus que moi.*

Comparatif d'infériorité : **menos... que...** (*moins... que...*)

- **Soy menos optimista que tú.** *Je suis moins optimiste que toi.*

Comparatifs irréguliers :

bueno(-a) (*bon(ne)*) → **mejor** (*meilleur(e)*)
malo(-a) (*mauvais(e)*) → **peor** (*pire*)
grande (*grand(e)*) → **mayor** (*plus âgé(e)* – pour les personnes)
pequeño(-a) (*petit(e)*) → **menor** (*moins âgé(e)* – pour les personnes).

Superlatif absolu :

– **muy** + adjectif (*très* + adjectif)

- **Es una película muy interesante.** *C'est un film très intéressant.*

– adjectif + **-ísimo(-a)**

- **Su hijo es inteligentísimo.** *Son fils est extrêmement intelligent.*

Superlatif relatif : **el|la** + **más|menos** + adjectif (*le|la* + *plus|moins* + adjectif)

- **Sus padres son los más ricos del pueblo.** *Ses parents sont les plus riches du village.*

Quand le superlatif vient après un nom, il s'emploie sans article : **Es el modelo más fiable que existe.** *C'est le modèle le plus fiable qui existe.*

Superlatifs irréguliers :

bueno(-a) (*bon(ne)*) → **óptimo(-a)** (*optimal(e)*)
malo(-a) (*mauvais(e)*) → **pésimo(-a)** (*piètre*)
grande (*grand(e)*) → **máximo(-a)** (*maximal(e)*)
pequeño(-a) (*petit(e)*) → **mínimo(-a)** (*minimal(e)*)

Comparez :
a) un tren|un avión (rápido)
b) un ramo de flores|un diamante (caro)
c) yo|tú (tener problemas =)
d) el lago Titicaca (alto – del mundo)

📖 24 LE PRÉSENT DE L'INDICATIF : VERBES RÉGULIERS

Les verbes réguliers se forment comme suit :

	habl-ar	**com-er**	**viv-ir**
(yo)	habl-**o**	com-**o**	viv-**o**
(tú)	habl-**as**	com-**es**	viv-**es**
(él, ella ; usted)	habl-**a**	com-**e**	viv-**e**
(nosotros, -as)	habl-**amos**	com-**emos**	viv-**imos**
(vosotros, -as)	habl-**áis**	com-**éis**	viv-**ís**
(ellos, ellas ; ustedes)	habl-**an**	com-**en**	viv-**en**

En espagnol, il existe trois groupes de verbes : les verbes en **-ar**, en **-er** et en **-ir**. Les verbes en **-er** et en **-ir** ont souvent les mêmes terminaisons (ce n'est pas le cas au présent de l'indicatif).

Le présent de l'indicatif sert à exprimer :

– une action effectuée au moment où l'on parle :

■ **Llueve.** *Il pleut.*

– un présent d'habitude ou de répétition :

■ **Los domingos no trabajo.** *Le dimanche, je ne travaille pas.*

– une vérité générale :

- **El agua hierve a 100 grados.** *L'eau bout à 100 degrés.*
- **De noche todos los gatos son pardos.** *La nuit, tous les chats sont gris.*

– une caractéristique, un état :

- **Mi hermano tiene los ojos azules.** *Mon frère a les yeux bleus.*

– un présent de narration ou présent historique (pour rendre le récit plus vivant, plus proche du lecteur) :

- **El 12 de octubre de 1492 Cristóbal Colón descubre el continente americano.** *Le 12 octobre 1492, Christophe Colomb découvre le continent américain.*

Conjuguez le verbe entre parenthèses à la forme correcte du présent de l'indicatif :

a) La profesora nos (enseñar) ... español.
b) Tus amigos y tú siempre (beber) ... sangría.
c) Tú (escribir) ... postales a tu familia.
d) Mis amigos y yo (vivir) ... en el mismo barrio.
e) Yo (necesitar) ... un poco más de tiempo.

25 LE PRÉSENT DE L'INDICATIF : VERBES À ALTERNANCE VOCALIQUE

Il existe des verbes qui connaissent une diphtongaison ou un affaiblissement de la voyelle du radical sous l'effet de l'accent tonique.

e|i → ie	**pens-ar**	**perd-er**	**adquir-ir**
(yo)	pi**e**ns-o	pi**e**rd-o	adqui**e**r-o
(tú)	pi**e**ns-as	pi**e**rd-es	adqui**e**r-es
(él, ella; usted)	pi**e**ns-a	pi**e**rd-e	adqui**e**r-e
(nosotros, -as)	pens-amos	perd-emos	adquir-imos
(vosotros, -as)	pens-áis	perd-éis	adquir-ís
(ellos, ellas; ustedes)	pi**e**ns-an	pi**e**rd-en	adqui**e**r-en

Rien n'indique si un verbe présente ce phénomène ou pas. Toutefois, l'existence de mots de la même famille nous met sur la piste : **caliente** (*chaud*) → **calentar** (*faire chauffer*), **el almuerzo** (*le déjeuner*) → **almorzar** (*déjeuner*)

Notez que les terminaisons sont les mêmes que pour les verbes réguliers.

o|u → ue	**jug-ar**	**pod-er**	**dorm-ir**
(yo)	j**ue**g-o	p**ue**d-o	d**ue**rm-o
(tú)	j**ue**g-as	p**ue**d-es	d**ue**rm-es
(él, ella ; usted)	j**ue**g-a	p**ue**d-e	d**ue**rm-e
(nosotros, -as)	jug-amos	pod-emos	dorm-imos
(vosotros, -as)	jug-áis	pod-éis	dorm-ís
(ellos, ellas ; ustedes)	j**ue**g-an	p**ue**d-en	d**ue**rm-en

e → i	**ped-ir**
(yo)	p**i**d-o
(tú)	p**i**d-es
(él, ella ; usted)	p**i**d-e
(nosotros, -as)	ped-imos
(vosotros, -as)	ped-ís
(ellos, ellas ; ustedes)	p**i**d-en

Choisissez la forme correcte :

a) Penso|Pinso|Pienso que esta es la mejor solución.

b) Todos los domingos jugamos|juegamos al fútbol.

26 LE PRÉSENT DE L'INDICATIF : VERBES IRRÉGULIERS

Certains verbes sont irréguliers à la 1re personne du singulier seulement :

– en **-oy** **dar** (*donner*) : **doy**, das, da, damos, dais, dan

– en **-go** **caer** (*tomber*) : **caigo**, caes, cae, caemos, caeis, caen ; **hacer** (*faire*) : **hago**, haces… ; **poner** (*mettre*) : **pongo**, pones… ; **salir** (*sortir*) : **salgo**, sales… ; **traer** (*apporter*) : **traigo**, traes… ; **valer** (*valoir*) : **valgo**, vales…

– en **-zco** **conocer** (*connaître*) : **conozco**, conoces, conoce, conocemos, conocéis, conocen ; et la plupart des verbes se terminant en **-acer**, **-ecer**, **-ocer**, **-ucir** : **parecer** (*sembler*) : **parezco**, pareces… ; **conducir** (*conduire*) : **conduzco**, conduces…

– **saber** (*savoir*) : **sé**, sabes, sabe, sabemos, sabéis, saben

– **ver** (*voir*) : **veo**, ves, ve, vemos, veis, ven

Certains verbes sont irréguliers à la 1re personne et présentent aussi une alternance vocalique :

tener (*avoir*) : **tengo**, t**ie**nes, t**ie**ne, tenemos, tenéis, t**ie**nen

venir (*venir*) : **vengo**, v**ie**nes, v**ie**ne, venimos, venís, v**ie**nen

decir (*dire*) : **digo**, d**i**ces, d**i**ce, decimos, decís, d**i**cen

Les verbes terminés en **-oír** et **-uir** voient apparaître un **y** sauf à la 1re et 2e personne du pluriel :
oír (*entendre*) : **oigo**, o**y**es, o**y**e, oímos, oís, o**y**en
construir (*construire*) : constru**y**o, constru**y**es, constru**y**e, construimos, construís, constru**y**en

Certains verbes ont toutes les personnes irrégulières :
ser (*être*) : **soy**, **eres**, **es**, **somos**, **sois**, **son**
estar (*être*) : **estoy**, **estás**, **está**, **estamos**, **estáis**, **están**
haber (*avoir*) : **he**, **has**, **ha**, **hemos**, **habéis**, **han**
ir (*aller*) : **voy**, **vas**, **va**, **vamos**, **vais**, **van**

Remplacez le sujet par celui qu'on vous propose :
a) No oye bien. (yo)
b) No sé la respuesta. (vosotros)
c) Marta da clases de español. (yo)
d) Vengo de la playa. (ella)

27 LES VERBES RÉFLÉCHIS

Les verbes pronominaux sont toujours précédés d'un pronom réfléchi de la même personne que le sujet.

	llamarse
(yo)	**me** llamo
(tú)	**te** llamas
(él, ella ; usted)	**se** llama
(nosotros, -as)	**nos** llamamos
(vosotros, -as)	**os** llamáis
(ellos, ellas ; ustedes)	**se** llaman

Les verbes pronominaux présentent les mêmes irrégularités que les verbes non pronominaux :
divertirse (*s'amuser*) : me div**ie**rto, te div**ie**rtes…
ponerse (*se mettre*) : me **pongo**, te pones…
irse (*s'en aller*) : me **voy**, te **vas**…

Notez qu'à l'infinitif, le pronom réfléchi se place derrière le verbe auquel il est soudé : **lavarse** (*se laver*) et non pas ***se lavar**.
C'est la même chose pour l'impératif affirmatif :
¡Lávate! *Lave-toi !*

Ces verbes indiquent :

– que le sujet exerce une action sur lui-même ou dans son intérêt :

- **Me afeito todos los días.** *Je me rase tous les jours.*
- **Se compra ropa.** *Il s'achète des vêtements.*

– une réciprocité :

- **Mis vecinos no se hablan.** *Mes voisins ne se parlent pas.*

– un sens passif :

- **Este plato se sirve caliente.** *Ce plat se sert chaud.*

– rien, le pronom fait corps avec le verbe qui, sans lui, n'a pas de sens :

- **Los usuarios se quejan.** *Les utilisateurs se plaignent.*

La plupart des verbes réfléchis en français le sont aussi en espagnol : **despertarse** (*se réveiller*), **peinarse** (*se coiffer*), **casarse** (*se marier*), etc.

Attention ! Certains verbes sont réfléchis en espagnol mais pas en français, et vice versa : **recordar** (*se rappeler*), **descansar** (*se reposer*), **moverse** (*bouger*), **quedarse** (*rester*), **atreverse** (*oser*), etc.

Traduisez :

a) Je me lève et je me lave.

b) Je reste à la maison pour me reposer.

c) Vous vous amusez beaucoup.

d) Je ne me rappelle pas de sa date d'anniversaire.

28 LA NÉGATION ET L'INTERROGATION

Pour formuler une phrase négative, il suffit d'ajouter **no** devant le verbe :

- **No me acuerdo de ti.** *Je ne me souviens pas de toi.*
- **No me molestes.** *Ne me dérange pas.*

Pour formuler une phrase interrogative, il suffit de mettre la bonne intonation :

- **Vienes.** *Tu viens.*
- **¿Vienes?** *Est-ce que tu viens ?*
- **Has aprobado el examen.** *Tu as réussi ton examen.*
- **¿Has aprobado el examen?** *As-tu réussi ton examen ?*

L'espagnol a souvent tendance à faire l'inversion sujet et verbe dans les phrases qui ne comportent qu'un sujet et un verbe. Cela n'indique en aucun cas qu'il s'agit d'une question.
¿Con quién habla Carlos? *Avec qui Carlos parle-t-il ?*
Llega el invierno. *L'hiver arrive.*

À l'écrit, les questions en espagnol portent un point d'interrogation à l'envers au début de la question (**¿**).

Parfois la question porte sur un point concret. Voici les principaux mots interrogatifs :

- **¿Qué?** *Quoi ? ; Que ?*
- **¿Quién?** *Qui ?*
- **¿Cuál?** *Lequel (Laquelle) ?*
- **¿Dónde?** *Où ?*
- **¿Cuándo?** *Quand ?*

- **¿Cómo?** *Comment ?*
- **¿Cuánto?** *Combien ?*
- **¿Por qué?** *Pourquoi ?*
- **¿Qué quieres?** *Que veux-tu ?*
- **¿Cuánto cuesta?** *Combien ça coûte ?*

Lorsque les mots à sens négatif tels que **nadie** (*personne*), **nada** (*rien*), **ninguno** (*aucun*), **nunca** (*jamais*), etc. précèdent le verbe, on n'emploie pas la négation **no** devant le verbe :
No me llamas nunca, mais **Nunca me llamas.** *Tu ne m'appelles jamais.*

Posez les questions qui vous permettent d'obtenir la partie soulignée de la phrase :

a) Nos vamos de vacaciones mañana.
b) El jugador de fútbol gana mucho dinero.
c) Una señora en el metro se siente mal.
d) Como a menudo en este restaurante.
e) Necesito un bolígrafo.

29 LES NOMBRES DE 1 À 99

Los números cardinales (*les nombres cardinaux*) indiquent la quantité.

0 : cero, 1 : uno, 2 : dos, 3 : tres, 4 : cuatro, 5 : cinco, 6 : seis, 7 : siete, 8 : ocho, 9 : nueve, 10 : diez, 11 : once, 12 : doce, 13 : trece, 14 : catorce, 15 : quince.

Devant un nom, **uno** devient **un** :
un euro → *un euro*

De 16 à 99, on procède par composition et on place **y** entre les dizaines et les unités.

20 : veinte, 22 : veintidós, 30 : treinta, 33 : treinta y tres, 40 : cuarenta, 44 : cuarenta y cuatro, 50 : cincuenta, 55 : cincuenta y cinco, 60 : sesenta, 66 : sesenta y seis, 70 : setenta, 77 : setenta y siete, 80 : ochenta, 88 : ochenta y ocho, 90 : noventa, 99 : noventa y nueve.

De 16 à 29, les chiffres composés se sont soudés en un seul mot et ont parfois « perdu » des lettres : **16** : **dieciséis** (= **diez y seis**), **17** : **diecisiete**, **18** : **dieciocho**, **19** : **diecinueve**, **21** : **veintiuno** (= **veinte y uno**), **22** : **veintidós**, **23** : **veintitrés**, **24** : **veinticuatro**, **25** : **veinticinco**, **26** : **veintiséis**, **27** : **veintisiete**, **28** : **veintiocho**, **29** : **veintinueve.**

Los números ordinales (*les nombres ordinaux*) indiquent l'ordre.
1°|1ª : primero(-a), 2°|2ª : segundo(-a), 3°|3ª : tercero(-a), 4°|4ª : cuarto(-a), 5°|5ª : quinto(-a), 6°|6ª : sexto(-a), 7°|7ª : séptimo(-a), 8°|8ª : octavo(-a), 9°|9ª : noveno(-a), 10°|10ª : décimo(-a).

Ils s'accordent avec le mot qu'ils accompagnent :
la segunda vez *la deuxième fois*
su quinta esposa *sa cinquième épouse*

À partir de 11, il est d'usage d'employer l'adjectif cardinal :
el piso dieciséis *le seizième étage*
Alfonso XII (doce) *Alphonse XII*

Devant un nom, **primero** et **tercero** deviennent respectivement **primer** et **tercer** :
el primer día → *le premier jour*

1 : Prononcez ces nombres, puis écrivez-les en toutes lettres :
a) 57 ; b) 69 ; c) 11 ; d) 85 ; e) 72.

2 : Classez dans l'ordre croissant :
a) sexto ; b) quinto ; c) octavo ; d) segundo.

30 DIRE L'HEURE

À la question **¿Qué hora es?** *Quelle heure est-il ?*, on répond :

01:00	06:10	10:15
Es la una (en punto).	**Son las seis y diez.**	**Son las diez y cuarto.**
Il est une heure (pile).	*Il est six heures dix.*	*Il est dix heures et quart.*
04:30	**02:35**	**09:45**
Son las cuatro y media.	**Son las tres menos veinticinco.**	**Son las diez menos cuarto.**
Il est quatre heures et demie.	*Il est trois heures moins vingt-cinq.*	*Il est dix heures moins le quart.*

Pour dire l'heure, on n'emploie pas le mot **horas** (*heures*) ; par contre, on fait précéder l'heure de l'article déterminé **las**.

Une exception : **Es la una**. *Il est une heure*. Le verbe **ser** et l'article sont au singulier !

On utilise **y** (*et*) pour indiquer toutes les heures, de l'heure pile jusqu'à la demie :

- **Me levanto a las ocho y media.**
  Je me lève à huit heures et demie.

On utilise **menos** (*moins*) de la demie jusqu'à l'heure pile :

- **El tren sale a las nueve menos diez.**
  Le train part à neuf heures moins dix.

On dit **menos cuarto** et non pas ***menos el cuarto**.

Les Espagnols utilisent rarement le cadran de vingt-quatre heures (sauf pour les horaires de train, d'avion, etc.), ils préfèrent celui de douze heures.
En cas d'ambiguïté ou pour être plus précis, on peut ajouter **de la mañana** (*du matin*), **de la tarde** (*du soir*), ou **de la noche** (*de la nuit*) :
Llegamos a las siete (de la tarde).
Nous arrivons à dix-neuf heures.

Quelle heure est-il ?

a) 11:00
b) 18:55
c) 07:25
d) 21:45
e) 16:30

31 DIRE LA DATE

Los días de la semana (*les jours de la semaine*) : **lunes** (*lundi*), **martes** (*mardi*), **miércoles** (*mercredi*), **jueves** (*jeudi*), **viernes** (*vendredi*), **sábado** (*samedi*), **domingo** (*dimanche*).

▪ **Hoy es lunes.** *Aujourd'hui, on est lundi.*

Il faut employer l'article déterminé **el** avec les jours de la semaine :

El martes tengo hora en el médico. *J'ai rendez-vous chez le médecin mardi.*

Pour exprimer l'habitude, on utilise l'article au pluriel **los** :

Los martes practico yoga. *Le mardi (= tous les mardis), je fais du yoga.*

Notez l'emploi de la préposition **a** :

Estamos a lunes. *Nous sommes lundi.*

Los meses (*les mois*) : **enero** (*janvier*), **febrero** (*février*), **marzo** (*mars*), **abril** (*avril*), **mayo** (*mai*), **junio** (*juin*), **julio** (*juillet*), **agosto** (*août*), **se(p)tiembre** (*septembre*), **octubre** (*octobre*), **noviembre** (*novembre*), **diciembre** (*décembre*).

Il faut employer **de** entre la date et le mois (ainsi qu'entre le mois et l'année) :

el 12 de octubre de 1492 → *le 12 octobre 1942*

Notez l'emploi de la préposition **a** et l'absence d'article :
Hoy estamos a 25 de enero. *Aujourd'hui, nous sommes le 25 janvier.*

Las estaciones (*les saisons*) : **la primavera** (*le printemps*), **el verano** (*l'été*), **el otoño** (*l'automne*), **el invierno** (*l'hiver*).

Notez l'emploi de la préposition **en** :
En invierno esquío. *L'hiver, je fais du ski.*

Complétez la phrase avec la date :

a) Navidad es ... .
b) Año Nuevo es ... .
c) El Día del Trabajo es ... .
d) San Valentín es ... .
e) El verano empieza oficialmente ... .

32 LES ACTIVITÉS QUOTIDIENNES

Principaux verbes décrivant des activités courantes :

- **acostarse** *se coucher*
- **caminar** *marcher*
- **coger** *prendre*
- **comer** *manger*
- **conducir** *conduire*
- **dar** *donner*
- **ducharse** *prendre une douche*
- **escribir** *écrire*
- **escuchar** *écouter*
- **hacer** *faire*
- **ir** *aller*
- **lavarse** *se laver*
- **leer** *lire*
- **levantarse** *se lever*
- **llevar** *porter*
- **mirar** *regarder*
- **oír** *entendre*
- **pagar** *payer*
- **poner** *mettre*
- **salir** *sortir*
- **trabajar** *travailler*
- **ver** *voir*
- **vestirse** *s'habiller*

Les principaux adverbes de fréquence (du plus fréquent au moins fréquent) :

■ **¿Con qué frecuencia...?**	*À quelle fréquence... ?*
■ **siempre**	*toujours*
■ **cada día| todos los días**	*chaque jour| tous les jours*
■ **cada dos días**	*tous les deux jours*
■ **normalmente**	*habituellement*
■ **con regularidad**	*régulièrement*
■ **a menudo**	*souvent*
■ **una vez a la semana| al mes|al año**	*une fois par semaine| mois|an*
■ **de vez en cuando**	*de temps en temps*
■ **a veces**	*parfois*
■ **alguna vez**	*quelquefois*
■ **pocas veces**	*rarement*
■ **nunca**	*jamais.*

Soler + infinitif sert à exprimer l'habitude :
Suelo levantarme a las siete. *Normalement, je me lève à sept heures.*

Traduisez :

a) Je me lave les cheveux tous les jours.
b) Caroline regarde souvent la télé.
c) Nous écoutons la radio de temps en temps.
d) Il va rarement au cinéma.
e) En été, parfois il pleut.

33 LE PRÉSENT CONTINU

Ce temps se construit avec le verbe **estar** + gérondif.
estar (*être*) : **estoy**, **estás**, **está**, **estamos**, **estáis**, **están.**

- **No la molestes, está trabajando.** *Ne la dérange pas, elle est en train de travailler.*

Le gérondif pour les verbes réguliers se forme comme suit :

– verbes en **-ar** → radical + **-ando**
– verbes en **-er** et en **-ir** → radical + **-iendo**

- **¿Qué estáis haciendo?** *Qu'est-ce que vous êtes en train de faire ?*

Certains verbes ont un gérondif irrégulier :

– verbes en **e** + consonne(s) + **-ir** : **e** → **i**
– verbes en **o** + consonne(s) + **-ir** : **o** → **u**

- **Estás mintiendo.** *Tu mens.*
- **Están durmiendo.** *Ils dorment.*

Lorsque les verbes sont pronominaux, le pronom correspondant se place soit devant le verbe **estar** conjugué, ou bien il est soudé derrière le gérondif :
Me estoy maquilando ou **Estoy maquillándome.** *Je suis en train de me maquiller.*

Le présent continu sert à :
– parler d'une action qui est en train de se dérouler au moment même où l'on parle :

- **¿Qué está pasando en la calle?** *Qu'est-ce qui se passe dans la rue ?*

– parler d'une action en cours de déroulement mais qui n'a pas forcément lieu au moment même où l'on parle :

- **Está escribiendo sus memorias.** *Il est en train d'écrire ses mémoires.*

– donner de l'emphase à des actions ou des situations qui se produisent souvent :

- **Siempre está perdiendo las llaves.** *Il perd tout le temps ses clés.*

Bien que l'on dise souvent que **estar** + gérondif correspond à *être en train de* + infinitif, la plupart du temps il se traduit en français par un simple présent :
Está lloviendo. *Il pleut.*
¿En qué estás pensando? *À quoi penses-tu ?*

Faites des phrases au présent continu à partir des éléments proposés :
a) El turista – contemplar – un monumento.
b) El camarero – servir – el café.
c) Javier – ducharse – en el cuarto de baño.
d) Los niños – jugar – en el jardín.

📖 34 LA POSSIBILITÉ, L'OBLIGATION ET L'INTERDICTION

On exprime la possibilité par :
– **se puede** + infinitif :
- **Se puede circular a más de 90 km/h.** *On peut circuler à plus de 90 km/h.*

– **es posible** + infinitif :
- **Es posible traer animales de compañía.** *Il est possible de venir avec ses animaux de compagnie.*

Il existe une obligation personnelle qui s'adresse à quelqu'un en particulier :
– **tener** (conjugué) **que** + infinitif :
- **Tengo que llevar el coche al garaje.** *Je dois amener la voiture à l'atelier de réparations.*

– **deber** (conjugué) + infinitif (pour une obligation plus morale) :
- **Debemos respetar a los demás.** *Nous devons respecter autrui.*

Il existe une obligation impersonnelle qui est générale et ne s'adresse à personne en particulier :
– **hay que** + infinitif :
En el teatro hay que apagar el móvil. *Au théâtre, il faut éteindre son portable.*
– Elle peut être introduite par des tournures telles que : **es necesario** ou **es preciso** (*il est nécessaire*), **hace falta** (*il faut*) + infinitif.

■ **Es preciso que estudies más.** *Il faut que tu travailles davantage.*

On exprime l'interdiction par :

– **no se puede** + infinitif :

■ **No se puede fumar.** *On ne peut pas fumer.*

– **está prohibido** + infinitif :

■ **Está prohibido aparcar aquí.** *Il est interdit de se garer ici.*

Ne pas oublier que pour donner un ordre ou interdire à quelqu'un de faire quelque chose, il y a le mode impératif (voir fiche **43**) :
Haz la cama. *Fais le lit.*
No toques, está recién pintado. *Ne touche pas, la peinture est fraîche.*

Mettez en rapport les messages et les endroits où on les trouve affichés :

a) No se puede hablar.
b) Está prohibido aparcar aquí.
c) Es preciso apagar el móvil.
d) No se puede circular a más de 120 km/h.

1) en un cine.
2) en la calle.
3) en una autopista.
4) en una biblioteca.

35 LES NOMBRES SUPÉRIEURS À 100

Les centaines :

100 : cien, 200 : doscientos(-as), 300 : trescientos(-as), 400 : cuatrocientos(-as), 500 : quinientos(-as), 600 : seiscientos(-as), 700 setecientos(-as), 800 : ochocientos(-as), 900 : novecientos(-as).

On emploie **cien** lorsqu'il multiplie ce qui suit, soit un nom, soit un autre nombre :

las cien mejores obras de la literatura española → *les cent meilleures œuvres de la littérature espagnole*

100 000 : **cien mil**,

100 000 000 : **cien millones**

On emploie **ciento** pour les nombres de 101 à 199 :

105 : **ciento cinco**,

169 : **ciento sesenta y nueve**

Les centaines s'accordent avec le mot qu'elles accompagnent :

doscientos euros → *deux cents euros*

quinientas personas → *cinq cents personnes*

On utilise **y** entre les dizaines et les unités, mais pas pour séparer les centaines des dizaines :

263 : **doscientos sesenta y tres**

Les milliers :
1 000 : **mil**, **2 000** : **dos mil**, **25 000 veinticinco mil**, **300 000** : **trescientos mil**…

Mil est invariable comme en français.
tres mil → *trois mille*

La façon de dire les années, par exemple, **18…** = *dix-huit cents…* n'est pas possible en espagnol. Il faut dire **mil ochocientos…**

Le mot *milliard* n'existe pas en espagnol, il faut dire **mil millones** : **diez mil millones** *dix milliards*

1 : Prononcez ces nombres, puis écrivez-les en toutes lettres :
a) 567
b) 125
c) 100 548
d) 2 013
e) 91 736

2 : Traduisez :
Il y avait quatre cents hommes et cinq cents femmes.

📖 36 LES PRÉPOSITIONS DE TEMPS

Les prépositions de temps servent à indiquer les repères temporels :

■ **a**	*à*
■ **de**	*de*
■ **en**	*en ; à*
■ **por**	*en ; à*
■ **para**	*pour*
■ **desde**	*depuis*
■ **hasta**	*jusqu'à*
■ **durante**	*pendant*
■ **antes de**	*avant*
■ **después de**	*après*
■ **entre**	*entre*
■ **dentro de**	*dans*

A s'emploie pour indiquer l'heure, l'âge, la périodicité, le moment précis :

- **Vendré a las dos de la tarde.** *Je viendrai à 14 heures.*
- **Se casó a los 30 años.** *Il s'est marié à 30 ans.*

En s'emploie pour situer un fait dans le temps (mois, année, siècle) :

- **Tengo las vacaciones en agosto.** Je prends mes vacances en août.
- **En invierno nieva.** *L'hiver, il neige.*

Por indique la période, le moment vague, l'événement :

- **Veré a mi familia por Navidad.** *Je verrai ma famille à Noël.*
- **Vendré por abril.** *Je viendrai en avril.*

> Attention ! **Por la mañana** (*le matin*), **por la tarde** (*l'après-midi ; le soir*), **por la noche** (*le soir*) :
> **Trabajo solo por la tarde.** *Je ne travaille que l'après-midi.*

Para introduit un complément de temps si celui-ci indique un moment précis dans le futur :

- **Estará listo para mañana.** *Ce sera prêt pour demain.*

Complétez avec la préposition adéquate :

a) Trabajo sólo ... la mañana.
b) Aquí llueve ... septiembre ... marzo.
c) No hay que molestarla ... la siesta.
d) La reunión empieza ... las once.

37 LES PRONOMS COD ET COI

Voici le tableau des pronoms COD :

sing.	1re	**me**	*me*
	2^e	**te**	*te*
	3^e	**lo** **la** **le**	*le* *la* *vous* (de politesse)
pl.	1re	**nos**	*nous*
	2^e	**os**	*vous*
	3^e	**los** **las** **les**	*les* (masc.) *les* (fém.) *vous* (de politesse)

Ils s'emploient comme en français :

- **¿Le ayudo?** *Est-ce que je vous aide ?*
- **A esta actriz no la conozco.** *Cette actrice, je ne la connais pas.*

Attention ! En espagnol, tous les COD qui désignent une personne sont précédés de la préposition **a**.
Le presento a mi socio. *Je vous présente mon associé.*

Voici le tableau des pronoms COI :

sing.	1re	**me**	*me*
	2e	**te**	*te*
	3e	**le**	*lui*
		le	*vous* (de politesse)
pl.	1re	**nos**	*nous*
	2e	**os**	*vous*
	3e	**les**	*leur*
		les	*vous* (de politesse)

Ils s'emploient comme en français :

- **Mis padres me han prestado dinero.** *Mes parents m'ont prêté de l'argent.*

Quand il y a plusieurs pronoms compléments, le COI est toujours placé devant le COD :
Te lo regalo. *Je te l'offre.*

On emploie **se** (et non pas **le** ou **les**) devant **lo**, **la**, **los** et **las** :
El profesor ha explicado la lección al alumno. Él se la ha explicado (et non pas ***Él le la explicado**). *Le professeur a expliqué la leçon à l'élève. Il la lui a expliquée.*

Remplacez les parties soulignées de la phrase par des pronoms :
a) Explico mis motivos a ti y a tus amigos.
b) Tú prestas el teléfono móvil a mí.
c) Presento a mi novio a mis padres.

38 LE FUTUR PROCHE ET LE FUTUR IMPARFAIT

La construction **ir + a +** infinitif permet d'exprimer un futur proche.

ir (*aller*) : **voy, vas, va, vamos, vais, van**

- **Voy a acostarme.** *Je vais me coucher.*

Notez la présence de la préposition **a** entre le verbe **ir** et l'infinitif.

Le futur des verbes réguliers se forme en ajoutant les terminaisons du futur à l'infinitif :

	habl-ar	**com-er**	**viv-ir**
(yo)	hablar-**é**	comer-**é**	vivir-**é**
(tú)	hablar-**ás**	comer-**ás**	vivir-**ás**
(él, ella ; usted)	hablar-**á**	comer-**á**	vivir-**á**
(nosotros, -as)	hablar-**emos**	comer-**emos**	vivir-**emos**
(vosotros, -as)	hablar-**éis**	comer-**éis**	vivir-**éis**
(ellos, ellas ; ustedes)	hablar-**án**	comer-**án**	vivir-**án**

Les verbes irréguliers qui changent de radical sont :

decir (*dire*) → **dir-**

haber (*avoir*) → **habr-**

hacer (*faire*) → **har-**
poder (*pouvoir*) → **podr-**
poner (*mettre*) → **pondr-**
querer (*vouloir*) → **querr-**
saber (*savoir*) → **sabr-**
salir (*sortir*) → **saldr-**
tener (*avoir*) → **tendr-**
valer (*valoir*) → **valdr-**
venir (*venir*) → **vendr-**
La terminaison est la même que pour les verbes réguliers : **-é**, **-ás**, **-á**, **-emos**, **-éis**, **-án**.

Le futur sert à :

– parler de l'avenir avec des expressions telles que : **mañana** (*demain*), **la semana que viene** (*la semaine prochaine*), **luego** (*ensuite*), **más tarde** (*plus tard*), **dentro de dos horas** (*dans deux heures*)...

▪ **Esta noche iremos al teatro.** *Ce soir, nous irons au théâtre.*

– faire des prédictions :

▪ **El próximo fin de semana lloverá en el Norte.** *Le week-end prochain, il pleuvra dans tout le Nord.*

– faire des promesses :

▪ **Te volveré a llamar.** *Je te rappellerai.*

Traduisez ces phrases :

a) Demain, nous irons à la plage.
b) Est-ce que tu viendras à ma fête ?
c) Je suis fatiguée, je vais dormir.
d) Que ferez-vous le week-end prochain ?

39 PARLER DE LA MÉTÉO

Pour se renseigner sur le temps :

- **¿Qué clima hay?** *Quel est le climat ?*
- **¿Qué tiempo hace en verano?** *Quel temps fait-il en été ?*
- **¿Qué tiempo va a hacer mañana?** *Quel temps va-t-il faire demain ?*

Pour parler du beau temps :

- **Hace bueno** ou **Hace buen tiempo.** *Il fait beau.*
- **Hace sol|bochorno.** *Il y a du soleil.|Il fait très lourd.*
- **Hace (mucho) calor.** *Il fait (très) chaud.*
- **El cielo está despejado.** *Le ciel est dégagé.*

La plupart des verbes qui font référence à des phénomènes météorologiques ne s'utilisent qu'à la 3ᵉ personne du singulier :
Hace ou **Hay sol.** *Il y a du soleil.*
Llovió. *Il a plu.*

Pour parler du mauvais temps :

- **Hace malo** ou **Hace mal tiempo.** *Il ne fait pas beau.*
- **Hace (mucho) frío.** *Il fait (très) froid.*
- **Hay nubes|viento|niebla.** *Il y a des nuages|du vent|du brouillard.*
- **Está nublado.** *C'est nuageux.*
- **Va a haber tormenta.** *Il va y avoir de l'orage.*
- **Hay rayos|truenos|relámpagos.** *Il y a la foudre|du tonnerre|des éclairs.*
- **Hace un tiempo de perros.** *Il fait un temps pourri.*
- **Llueve.|Nieva.|Graniza.** *Il pleut.|Il neige.|Il grêle.*

Pour parler de la température :

- **Estamos a veinticinco grados.** *Il fait vingt-cinq degrés.*
- **Hace cinco grados bajo cero.** *Il fait cinq degrés en dessous de zéro.*
- **Bajan|Suben las temperaturas.** *Les températures baissent|augmentent.*
- **Hay mucha humedad.** *C'est très humide.*

Un membre de votre famille vous demande au téléphone quel temps il fait là où vous êtes en vacances. Expliquez-lui qu'il fait mauvais temps, qu'il fait très froid, que vous avez 10 degrés, qu'il y a du vent et qu'il pleut souvent.

40 LES ADVERBES

L'adverbe est un mot invariable qui modifie un verbe, un adjectif ou un autre adverbe.

Lorsqu'il modifie un verbe, il se place généralement derrière celui-ci :

- **¡Conduce despacio!** *Conduis doucement !*

La place des adverbes n'est pas figée, ils peuvent se placer avant ou après le verbe, mais il est important qu'ils soient toujours proches du verbe.

- **Aún no ha venido** ou **No ha venido aún.** *Il n'est pas encore venu.*

Lorsqu'il modifie un adjectif ou un autre adverbe, il se place généralement devant celui-ci :

- **Mi portera es demasiado curiosa.** *Ma concierge est trop curieuse.*
- **No vienes casi nunca.** *Tu ne viens presque jamais.*

Selon leur sens, les adverbes peuvent être classés en sept catégories :

– manière : **así** (*comme ça*), **bien** (*bien*), **mal** (*mal*), **rápido** (*vite*)...

De nombreux adverbes de manière se forment comme en français : adjectif féminin + **-mente** : **lento** (*lent*) → **lenta** → **lentamente** (*lentement*).

– quantité et intensité : **más** (*plus*), **menos** (*moins*), **mucho** (*beaucoup*), **muy** (*très*), **poco** (*peu*), **bastante** (*assez*), **demasiado** (*trop*)...
– temps : **ayer** (*hier*), **hoy** (*aujourd'hui*), **mañana** (*demain*), **ahora** (*maintenant*), **antes** (*avant*), **después** (*après*), **pronto** (*tôt* ; *vite*), **temprano** (*tôt*), **tarde** (*tard*), **siempre** (*toujours*), **nunca** (*jamais*), **todavía** (*encore*), **ya** (*déjà*), **a veces** (*parfois*), **de repente** (*soudainement*)...
– lieu : **aquí** (*ici*), **allí** (*là*), **allá** (*là-bas*), **dentro** (*dedans*), **fuera** (*dehors*), **encima** (*au-dessus*), **debajo** (*au-dessous*), **delante** (*devant*), **detrás** (*derrière*), **cerca** (*près*), **lejos** (*loin*), **alrededor** (*autour*)...
– affirmation : **sí** (*oui*), **por supuesto** (*bien sûr*)...
– négation : **no** (*non*), **nunca** (*jamais*), **apenas** (*à peine*), **casi** (*presque*)...
– doute : **quizás** (*peut-être*), **tal vez** (*peut-être*), **posiblemente** (*possiblement*), **probablemente** (*probablement*)...

Repérez les adverbes et donnez leur catégorie.

a) Nunca miento, digo siempre la verdad.
b) En esta época llueve bastante.
c) Yo lo hago así.
d) Nos vemos a menudo, vivimos cerca.
e) Ahora estoy ocupado.

41 DEMANDER DES RENSEIGNEMENTS

Sur *les gens* (**la gente**) :

- **¿Quién es?** *Qui est-ce ?*
- **¿Cómo es?** *Comment est-il|elle ?*
- **¿Qué edad tiene?** *Quel âge a-t-il|elle ?*
- **¿Qué hace?** *Qu'est-ce qu'il|elle fait dans la vie ?*

Sur *les choses* (**las cosas**) :

- **¿Qué es?** *Qu'est-ce que c'est ?*
- **¿Cómo es?** *Comment c'est ?*
- **¿De qué color es?** *C'est de quelle couleur ?*
- **¿Qué forma tiene?** *Quelle forme ça a ?*
- **¿Qué medidas tiene?** *Quelles sont les dimensions ?*
- **¿De qué materia está hecho(-a)?** *En quoi c'est fait ?*
- **¿Para qué sirve?** *À quoi ça sert ?*

Sur *les lieux* (**los lugares**) :

- **¿Dónde?|¿Adónde?|¿De dónde?** *Où ?|Vers où ?|D'où ?*
- **¿Dónde está?** *Où ça se trouve ?*
- **¿A qué distancia se encuentra?** *À quelle distance ça se trouve ?*

Sur *le temps* (**el tiempo**) :

- **¿Cuándo?** *Quand ?*
- **¿Cuánto dura?** *Combien de temps ça dure ?*
- **¿A qué hora empieza|termina?** *À quelle heure ça commence|se termine ?*
- **¿Con qué frecuencia?** *À quelle fréquence ?*

Sur *la quantité* **(la cantidad)** :

- **¿Cuánto?** *Combien ?*
- **¿Cuántos hay?** *Combien y en a-t-il ?*
- **¿Cuánto mide|pesa?** *Combien mesure-t-il|pèse-t-il ?*
- **¿Cuánto cuesta** ou **vale?** *Combien ça coûte ?*

Sur *les circonstances* **(las circunstancias)** :

- **¿Qué ha pasado?** *Qu'est-ce qui s'est passé ?*
- **¿Cómo ocurrió?** *Comment c'est arrivé ?*

Sur *les causes* **(las causas)** :

- **¿Por qué?** *Pourquoi ?*
- **Porque...** *Parce que...*

Posez la question correspondante :

a) La playa se encuentra a 2 kilómetros de aquí.
b) Todos los días.
c) Sirve para abrir las botellas.
d) 27 años.

42 LES PRÉPOSITIONS DE LIEU

La plupart des prépositions de lieu servent à indiquer la position :

- **en** *sur ; à ; dans*
- **sobre** ou **encima de** *sur*
- **bajo** ou **debajo de** *sous*
- **dentro de** *dans*
- **fuera de** *à l'extérieur de*
- **delante de** *devant*
- **detrás de** *derrière*
- **entre** *entre ; parmi*
- **al lado de** ou **junto a** *à côté de*
- **a la derecha de** *à droite de*
- **a la izquierda de** *à gauche de*
- **cerca de** *près de*
- **lejos de** *loin de*
- **frente a** ou **enfrente de** *en face de*
- **alrededor de** *autour de*
- **Me puse en la cola detrás de él.** *Je me suis mis à la queue derrière lui.*
- **La farmacia está junto al supermercado.** *La pharmacie se trouve à côté du supermarché.*

Sobre indique la position au-dessus ; **en** indique la position dans un sens général :
Pon las llaves sobre la mesa. *Mets les clés sur la table.*
Sentaos en la mesa. *Asseyez-vous à table.*

D'autres indiquent le mouvement ou la direction :

- **a** *à*
- **hacia** *vers*
- **hasta** *jusqu'à*
- **de** *de*
- **desde** *depuis*
- **a través de** *à travers*
- **por** *par*
- **para** *pour*
- **Pasamos por muchos pueblecitos.** *Nous sommes passés par beaucoup de petits villages.*
- **¿A qué hora sale el tren para París?** *À quelle heure part le train pour Paris ?*

Por indique le lieu par lequel on passe ou dans lequel on se déplace.

Complétez avec une préposition.

a) El hospital está ... el cine y el banco.
b) Mira ... la cámara.
c) San Sebastián se encuentra ... la frontera francesa.
d) La Tierra gira ... el Sol.

43 L'IMPÉRATIF

À la forme affirmative, les verbes réguliers se forment comme suit :

	habl-ar	**com-er**	**escrib-ir**
(tú)	habl-**a**	com-**e**	escrib-**a**
(usted)	habl-**e**	com-**a**	escrib-**a**
(nosotros, -as)	habl-**emos**	com-**amos**	escrib-**amos**
(vosotros, -tras)	habl-**ad**	com-**ed**	escrib-**id**
(ustedes)	habl-**en**	com-**an**	escrib-**an**

À la forme affirmative, l'impératif « emprunte » trois formes au subjonctif (3e pers. du sing. et du pl., et 1re pers. du pl.). La forme négative (que nous ne verrons pas) se construit intégralement à partir de ce mode :
¡Come! *Mange !* ≠ **¡No comas!** *Ne mange pas !*

Voici quelques verbes irréguliers :
decir (*dire*) : **di**, **diga**, **digamos**, **decid**, **digan**
hacer (*faire*) : **haz**, **haga**, **hagamos**, **haced**, **hagan**
ir (*aller*) : **ve**, **vaya**, **vayamos**, **id**, **vayan**
poner (*mettre*) : **pon**, **ponga**, **pongamos**, **poned**, **pongan**
salir (*sortir*) : **sal**, **salga**, **salgamos**, **salid**, **salgan**
ser (*être*) : **sé**, **sea**, **seamos**, **sed**, **sean**
tener (*avoir*) : **ten**, **tenga**, **tengamos**, **tened**, **tengan**

venir (*venir*) : **ven**, **venga**, **vengamos**, **venid**, **vengan**

À l'impératif affirmatif, les pronoms se placent derrière le verbe auquel ils sont soudés (ce qui amène parfois à ajouter un accent écrit) :
¡Di! *Dis !* ; **¡Dímelo!** *Dis-le-moi !*

Attention : l'ajout du pronom réfléchi **os** fait disparaître le **-d** final :
¡Levantad! *Levez !* → **¡Levantaos!** *Levez-vous !*

L'impératif affirmatif sert à :
– donner des ordres et des instructions :
▪ **Conduce más despacio.** *Conduis moins vite.*
– donner des conseils et faire des suggestions :
▪ **Sirva frío.** *Servez froid.*
– faire une requête ou une demande :
▪ **Pásame la sal.** *Passe-moi le sel.*
– faire un souhait :
▪ **Divertíos mucho.** *Amusez-vous bien.*

Remplacez le sujet par celui qu'on vous propose :
a) Hable más despacio, por favor. (vosotros)
b) ¡Ven aquí! (usted)
c) Tengan paciencia. (tú)
d) Haced lo que os digo. (ustedes)

44 S'ORIENTER ET DEMANDER SON CHEMIN

Pour se situer dans l'espace :

- **¿Me puede decir dónde estoy|estamos?** *Pouvez-vous m'indiquer où je me trouve|nous nous trouvons ?*
- **¿A qué distancia está la estación?** *À quelle distance se trouve la gare ?*
- **Me he perdido.** *Je suis perdu(e).*

Pour *demander son chemin* (**preguntar una dirección**) :

- **Perdone, estoy buscando la avenida Carlos II.** *Excusez-moi, je cherche l'avenue Carlos II.*
- **Por favor, ¿dónde hay un cajero automático?** *S'il vous plaît, où y a-t-il un distributeur automatique ?*
- **¿Hay una parada de metro por aquí cerca?** *Y a-t-il une station de métro près d'ici ?*
- **¿Dónde está el hospital más cercano?** *Où est l'hôpital le plus proche ?*
- **¿Cómo se va a la Plaza Mayor**? *Comment fait-on pour aller à la grand-place ?*
- **¿Voy bien por aquí para ir al centro comercial?** *Est-ce bien la bonne direction pour aller au centre commercial ?*
- **¿Queda lejos?** *C'est encore loin ?*
- **¿Se puede ir andando?** *Peut-on y aller à pied ?*

Pour donner des indications :

- **Para ir al museo...** *Pour aller au musée...*

- **... siga todo recto.** *... allez tout droit.*
- **... siga por esta calle.** *... continuez en prenant cette rue.*
- **... tome la primera|la segunda calle a la derecha|a la izquierda.** *... prenez la première|la deuxième rue à droite|à gauche* (voir aussi la fiche **44** sur *L'impératif*).
- **Los servicios están al fondo, a la derecha.** *Les toilettes sont au fond, à droite.*

Lorsqu'il s'agit de position, de situation dans l'espace, qu'il y ait du mouvement ou pas, on emploie le verbe **estar** (*être*) et non pas **ser** (*être*).

Complétez avec les verbes donnés.
tome – está – siga – va

a) ¿Cómo se ... al museo?
b) ... todo recto unos 200 metros.
c) ... la segunda calle a la izquierda.
d) El museo ... cerca de aquí.

45 SE DÉPLACER

Pour demander *le moyen de transport* (**el medio de transporte**) :

- **¿Cómo se va a...?** *Comment fait-on pour aller à... ?*
- **¿Qué autobús|metro hay que coger para ir a...?** *Quel bus|métro faut-il prendre pour aller à... ?*
- **¿Qué línea tengo que tomar para ir a...?** *Quelle ligne dois-je prendre pour aller à... ?*
- **¿Se puede ir a pie** ou **andando?** *Peut-on y aller à pied ?*

On emploie la préposition **en** pour indiquer le moyen de locomotion, à l'exception de **a pie** (*à pied*) et **a caballo** (*à cheval*) : **Iremos en coche|tren.** *Nous irons en voiture|train.*

Pour demander *la distance* (**la distancia**) :

- **¿A qué distancia de aquí está la playa?** *À quelle distance se trouve la plage d'ici ?*
- **¿Cuántos kilómetros hay de Madrid a Toledo?** *Combien de kilomètres y a-t-il de Madrid à Tolède ?*

Pour demander *la durée* (**la duración**) et *les horaires* (**los horarios**) :

- **¿Cuánto dura el viaje|el trayecto|el vuelo?** *Combien de temps dure le voyage|le trajet|le vol ?*
- **¿A qué hora sale|llega?** *À quelle heure il part|arrive ?*
- **¿A qué hora es el primer|último metro?** *À quelle heure est le premier|le dernier métro ?*
- **¿Hay algún tren más temprano|tarde?** *Y a-t-il un train plus tôt|tard ?*

- **¿Podría darme los horarios de los vuelos para...?** *Pourriez-vous me donner les horaires des vols vers... ?*
- **¿Cada cuánto salen?** *Il y a un départ tous les combien ?*

Pour acheter *un billet* ou *un ticket* **(un billete)** :
- **¿Dónde se compran los billetes?** *Où peut-on acheter les tickets ?*
- **¿Cuánto cuesta un billete para...?** *Combien coûte un billet pour... ?*
- **¿Hacen descuentos para estudiantes|grupos|jubilados?** *Y a-t-il des réductions pour les étudiants|les groupes|les retraités ?*
- **Un billete sencillo|de ida y vuelta para...** *Un aller simple|aller-retour pour...*
- **Querría reservar un billete en primera|segunda clase para Sevilla.** *Je voudrais réserver un billet en première|seconde classe pour Séville.*

Quelques questions subsidiaires :
- **Perdone, ¿está libre este asiento?** *Excusez-moi, est-ce que cette place est libre ?*
- **¿Me puede avisar cuando lleguemos a...?** *Pourriez-vous me prévenir quand nous serons arrivés à... ?*

Vous êtes à Séville et vous souhaitez vous rendre à Grenade. Vous allez à la gare et vous vous renseignez sur les horaires, le prix du billet, etc. Rédigez la conversation avec la personne du guichet.

46 ACHETER ET PAYER

Pour trouver un distributeur de billets et retirer de l'argent :

- **Estoy buscando un cajero automático.** *Je cherche un distributeur automatique.*
- **Introduzca su tarjeta.** *Insérez votre carte.*
- **Cancelar.** *Annulez.*
- **Borrar.** *Effacez.*
- **Validar.** *Validez.*
- **Continuar.** *Continuer.*
- **Teclee su número secreto.** *Entrez votre code.*
- **Retirar efectivo.** *Effectuer un retrait.*
- **Seleccione el importe.** *Sélectionnez la somme.*
- **¿Desea comprobante de su operación?** *Voulez-vous un reçu ?*

Pour *se renseigner sur le prix* (**pedir el precio**) :

- **¿Cuánto cuesta** ou **vale este bolso?** *Combien coûte ce sac à main ?*
- **¿Cuánto cuesta por hora|por día|por semana?** *Combien ça coûte par heure|par jour|par semaine ?*

Pour demander combien on doit et payer :

- **La cuenta, por favor.** *L'addition, s'il vous plaît.*
- **¿Cuánto le debo?** *Combien je vous dois ?*

Pour passer à *la caisse* (**la caja**) :

- **¿Dónde se paga?** *Où est-ce qu'on paye ?*

- **¿Me lo puede envolver para regalo, por favor?** *Pouvez-vous me faire un paquet-cadeau, s'il vous plaît ?*

Les modes de paiement :

- **¿Cómo va a pagar?** *Vous réglez comment ?*
- **Voy a pagar en efectivo|con tarjeta.** *Je vais payer en espèces|par carte.*
- **Haga el PIN, por favor.** *Saisissez votre code, s'il vous plaît.*
- **Puede recoger la tarjeta.** *Vous pouvez retirer votre carte.*

Pour *payer* (**pagar**) :

- **Cada uno paga lo suyo.** *On paye séparément.*
- **Quédese con el cambio.** *Gardez la monnaie.*

Complétez avec les mots donnés. Allez-vous savoir marchander (**regatear**) ?
propongo – descuento – oferta
a) ¿Puede hacerme un ...?
b) Le ... diez euros.
c) ¿Cuál es su última ...?

47 LES COMMERCES

Quelques noms de *commerces* (**comercios**) :

- **la tienda** *le magasin, la boutique*
- **la tienda de comestibles** ou **de ultramarinos** *l'épicerie*
- **la carnicería** *la boucherie*
- **la pescadería** *la poissonnerie*
- **la frutería y verdulería** *le marchand de fruits et légumes*
- **la panadería** *la boulangerie*
- **la pastelería** *la pâtisserie*
- **la peluquería** *le salon de coiffure*
- **la tienda de ropa** *le magasin de vêtements*
- **la zapatería** *la cordonnerie; le magasin de chaussures*
- **la tintorería** *le pressing*
- **la librería** *la librairie*
- **la papelería** *la papeterie*
- **la perfumería** *la parfumerie*
- **la farmacia** *la pharmacie*
- **la droguería** *la droguerie*
- **la ferretería** *la quincaillerie*
- **el quiosco** *le kiosque à journaux*
- **el estanco** *le tabac*
- **la floristería** *le magasin de fleurs*
- **el supermercado** *le supermarché*
- **los grandes almacenes** *les grands magasins*

En français, après le mot *chez*, on emploie le nom du professionnel, tandis qu'en espagnol, on emploie **a** ou **en** + le nom de l'établissement :
Va a la panadería. *Il va chez le boulanger.*
Está en la peluquería. *Il est chez le coiffeur.*

Mettez en rapport les produits et les commerces où on les trouve :

a) los tomates
b) un periódico
c) un jamón
d) unos pantalones
e) las sardinas

1) la carnicería
2) la pescadería
3) la frutería y verdulería
4) la tienda de ropa
5) el quiosco

48 LE VERBE *GUSTAR*

Le verbe **gustar** a une construction particulière :

- **Me gusta el español.** *J'aime l'espagnol.*

Le sujet français (*j'*) devient pronom complément (**me**). Le complément d'objet direct du verbe *aimer* (*l'espagnol*) devient le sujet du verbe **gustar** (**el español**).

Pour indiquer qui est la personne qui aime, on utilise les pronoms suivants :

<table>
<tr><td>(a mí)</td><td>me</td><td rowspan="3">gusta</td><td rowspan="3">el cine
viajar</td></tr>
<tr><td>(a ti)</td><td>te</td></tr>
<tr><td>(a él, ella ; usted)</td><td>le</td></tr>
<tr><td>(nosotros, -as)</td><td>nos</td><td rowspan="3">gustan</td><td rowspan="3">los deportes</td></tr>
<tr><td>(vosotros, -as)</td><td>os</td></tr>
<tr><td>(a ellos, ellas ; ustedes)</td><td>les</td></tr>
</table>

- **¿Te gusta bailar?** *Aimes-tu danser ?*
- **No le gustan las matemáticas.** *Il n'aime pas les maths.*

Pour insister sur la personne qui aime, on peut utiliser : **a mí, a ti, a él, a ella, a usted...**

- **A mí me gusta salir con mis amigos.** *Moi, j'aime sortir avec mes amis.*

Bien que spontanément on pense que **gustar** veut dire *aimer*, traduisez-le plutôt par *plaire*, et vous retrouverez la même structure qu'en français :
Me gusta tu vestido. *J'aime ta robe.* (= *Ta robe me plaît.*)

D'autres verbes se construisent comme **gustar** :

- **Me encantan los videojuegos.** *J'adore les jeux vidéo.*
- **Me duele la cabeza.** *J'ai mal à la tête.*
- **¿Os apetece un caramelo?** *Avez-vous envie d'un bonbon ?*

1 : Choisissez la forme correcte :

a) No me gusta|gustan las películas de ciencia ficción.
b) ¿A Juan y a mí me|le|nos gusta viajar.
c) ¿A ti me|te os gusta|gustan los perros?

2 : Écrivez quatre phrases pour dire ce que vous aimez, ce que vous n'aimez pas ; ce que vous aimez faire et ce que vous n'aimez pas faire.

49 LA NOURRITURE : LES POISSONS ET LES VIANDES

Quelques types de *viande* (**la carne**) :

▪ **el pollo**	*le poulet*
▪ **la vaca**	*le bœuf*
▪ **el cerdo**	*le porc*
▪ **la ternera**	*le veau*
▪ **el cordero**	*l'agneau*
▪ **el conejo**	*le lapin*
▪ **el bistec**	*le steak*
▪ **la chuleta**	*la côte ; la côtelette*
▪ **la hamburguesa**	*le steak haché*
▪ **el embutido**	*la charcuterie*
▪ **el jamón**	*le jambon*
▪ **la salchicha**	*la saucisse*

Bien que **la vaca** désigne *la vache*, lorsqu'il s'agit de viande, ce mot désigne *le bœuf*.

Quelques noms de *poissons* (**el pescado**) et de *fruits de mer* (**el marisco**) :

▪ **el bacalao**	*la morue*
▪ **la merluza**	*le colin*
▪ **el atún, el bonito**	*le thon*
▪ **la sardina**	*la sardine*
▪ **la anchoa**	*l'anchois*
▪ **el salmón**	*le saumon*
▪ **la trucha**	*la truite*
▪ **el rape**	*la lotte*

- **el lenguado** *la sole*
- **el marisco** *les fruits de mer*
- **la gamba** *la crevette rose*
- **el mejillón** *la moule*
- **el calamar** *le calamar*
- **el pulpo** *le poulpe*
- **la sepia** *la seiche*

Comme un poisson dans l'eau

Le poisson se dit **el pez** lorsqu'on parle de l'animal vivant, et **el pescado** lorsqu'il s'agit de l'aliment, du poisson que l'on trouve dans notre assiette.

Los peces abundan en estas aguas. *Les poissons abondent dans ces eaux.*

Séparez en viandes et poissons. Un intrus s'est glissé dans la liste...

a) el atún
b) el bacalao
c) la ternera
d) el cerdo
e) el mejillón
f) el pollo
g) la merluza
h) la ternera

50 LA NOURRITURE : LES FRUITS ET LES LÉGUMES

Quelques noms de *légumes verts* (**las hortalizas**) et de *légumes secs* (**las legumbres**) :

- **el tomate** *la tomate*
- **la lechuga** *la salade*
- **la zanahoria** *la carotte*
- **la cebolla** *l'oignon*
- **el pepino** *le concombre*
- **el pimiento** *le poivron*
- **el espárrago** *l'asperge*
- **el calabacín** *la courgette*
- **la berenjena** *l'aubergine*
- **la judía** *le haricot*
- **el guisante** *le petit pois*
- **el garbanzo** *le pois chiche*
- **la lenteja** *la lentille*
- **el haba** *la fève*
- **la aceituna, la oliva** *l'olive*
- **la patata** *la pomme de terre*
- **el arroz** *le riz*
- **la seta** *le champignon*

Quelques noms de *fruits* (**la fruta**) :

- **la naranja** *l'orange*
- **la manzana** *la pomme*
- **la pera** *la poire*
- **el melocotón** *la pêche*
- **el albaricoque** *l'abricot*

- **la ciruela** *la prune*
- **el plátano** *la banane*
- **el higo** *la figue*
- **la fresa** *la fraise*
- **la uva** *le raisin*
- **el melón** *le melon*
- **la sandía** *la pastèque*
- **la piña** *l'ananas*
- **la almendra** *l'amande*
- **la avellana** *la noisette*
- **la nuez** *la noix*
- **el cacahuete** *la cacahouète*

Mettez en rapport les aliments et les couleurs :

a) el pepino
b) la zanahoria
c) el plátano
d) la fresa
e) la berenjena

1) violeta
2) naranja
3) rojo
4) amarillo
5) verde

51 POIDS ET MESURES

Quelques unités de mesure et autres mots pour parler de *la quantité* (**la cantidad**) et *des dimensions* (**las medidas**) :

▪ **el peso**	*le poids*
▪ **el gramo**	*le gramme*
▪ **el quilo, el kilo**	*le kilo*
▪ **el litro**	*le litre*
▪ **la superficie**	*la superficie*
▪ **el volumen**	*le volume*
▪ **el tamaño**	*la taille*
▪ **el centímetro**	*le centimètre*
▪ **el metro**	*le mètre*
▪ **el quilómetro, el kilómetro**	*le kilomètre*
▪ **la mitad**	*la moitié*
▪ **el doble**	*le double*
▪ **el porcentaje**	*le pourcentage*
▪ **pequeño(-a)**	*petit(e)*
▪ **grande**	*grand(e)*
▪ **corto(-a)**	*court(e)*
▪ **largo(-a)**	*long(ue)*
▪ **más**	*plus*
▪ **ancho(-a)**	*large*
▪ **estrecho(-a)**	*étroit(e)*
▪ **menos**	*moins*
▪ **poco**	*peu*
▪ **mucho**	*beaucoup*

- **bastante** *assez*
- **demasiado** *trop*

Medio quilo n'est jamais précédé d'un article :
Quiero medio quilo de tomates. *Je voudrais un demi-kilo de tomates.*

Les pourcentages sont toujours précédés d'un article :
Solo un 19% (por ciento) de los Españoles duerme la siesta.
Seulement 19 % des Espagnols font la sieste.

Complétez avec les mots donnés. Allez-vous savoir marchander (regatear) ?
kilómetros – metro – litros – doble – centímetros – kilos

a) Mido 1 ... y 80 ... .
b) Pesa 75 ... .
c) Una persona adulta tiene alrededor de 4-5 ... de sangre.
d) En un maratón se corren 42 ... .
e) Esta cantidad es insuficiente, necesitamos el ... .

52 MANGER (AU RESTAURANT)

En arrivant au restaurant **(al llegar al restaurante)** :

- **Tengo reservada una mesa para cuatro a nombre de Lefoin.** *J'ai réservé une table pour quatre au nom de Lefoin.*
- **¿Cuántos son?** *Vous êtes combien ?*
- **Una mesa para tres, por favor.** *Une table pour trois, s'il vous plaît.*
- **¿Cuánto (tiempo) hay que esperar?** *Le temps d'attente est de combien ?*

Pour *passer commande* **(pedir)** :

- **¿Tienen una carta en francés?** *Avez-vous une carte en français ?*
- **¿Cuál es el plato del día|la especialidad de la casa?** *Quel est le plat du jour ?|Quelle est la spécialité de la maison ?*
- **¿Qué es un "marmitako"?** *Qu'est-ce que c'est un « marmitako » ?*
- **¿Qué nos recomienda?** *Que nous recommandez-vous ?*
- **¿Me lo puede servir con lechuga en vez de con patatas fritas?** *Pouvez-vous me le servir avec de la salade à la place des frites ?*
- **Vamos a tomar el menú de veinticinco euros.** *Nous prendrons le menu à vingt-cinq euros.*
- **Quiero...|Yo tomaré...** *Je voudrais...|Je prendrai...*

- **De primero quiero...|De segundo quiero...|De postre tomaré...** *En entrée, je voudrais...|Comme plat principal, je voudrais...|En dessert, je prendrai...*
- **¡Buen provecho!** *Bon appétit !*

Pendant le repas :

- **¿Nos puede traer más pan?** *Pouvez-vous nous apporter un peu plus de pain ?*

Pour exprimer sa satisfaction :

- **¡Está riquísimo!** *C'est délicieux !*

Pour *se plaindre* (**quejarse**) :

- **El bistec está demasiado hecho. Lo había pedido poco hecho.** *Le steak est trop cuit. J'avais demandé saignant.*
- **El pescado no está fresco.** *Le poisson n'est pas frais.*
- **Esto no es lo que he pedido.** *Ce n'est pas ce que j'ai commandé.*

Vous arrivez au restaurant, vous demandez une carte et vous commandez une paella, et une glace comme dessert.

53 BOIRE (AU CAFÉ)

Pour proposer d'aller *prendre un verre* (**tomar una copa**) :

- **¿Te apetece ir a tomar una copa?** *Ça te dit d'aller prendre un verre ?*
- **¿Puedo invitarte a una copa?** *Puis-je t'offrir un verre ?*

Pour *passer commande* (**pedir**) :

- **¡Camarero(-a), por favor!** *Garçon !|Mademoiselle, s'il vous plaît !*
- **¿Qué desea beber?** *Que désirez-vous boire ?*
- **Un café|Un zumo de naranja|Una caña, por favor.** *Un café|Un jus d'orange|Un demi, s'il vous plaît.*
- **Una Coca-Cola® sin hielo ni limón.** *Un Coca-Cola® sans glaçons et sans citron.*
- **El vino de la casa, por favor.** *La cuvée du patron, s'il vous plaît.*
- **Querría una botella de agua mineral con gas|sin gas.** *Je voudrais une bouteille d'eau minérale gazeuse|plate.*
- **Otra botella|Otro vaso, por favor.** *Une autre bouteille|Un autre verre, s'il vous plaît.*
- **¿Me puede dar un vaso de agua, por favor?** *Est-ce que je pourrais avoir un verre d'eau, s'il vous plaît ?*

Au restaurant :

- **¿Y para beber?** *Et comme boisson ?*

- **¿Qué vino me aconseja para acompañar este plato?** *Quel vin me conseillez-vous pour accompagner ce plat ?*
- **Para beber tomaré vino tinto.** *Comme boisson, je prendrai du vin rouge.*
- **Una sangría para cuatro.** *Une sangria pour quatre.*
- **Tráigame por favor una botella grande de agua.** *Pourriez-vous m'apporter une grande bouteille d'eau, s'il vous plaît.*

Pour *trinquer* **(brindar)** :

- **¡Salud!** ou **¡Chinchín!** *Santé !*

El café (*le café*) en Espagne est généralement fort et servi dans de petites tasses. On a le choix entre **un café solo** (*un café noir*), qui peut être **descafeinado** (*deca*) ou **americano** (*allongé*). Additionné de lait, ce sera **un cortado** (*un café noisette*), **un café con leche** (*un grand crème*). Additionné d'alcool - du rhum, du cognac ou de l'anisette - c'est **un carajillo**.

Séparez en boissons alcoolisées et boissons non alcoolisées :

a) el té
b) el vermú
c) la sangría
d) el zumo
e) el carajillo
f) la cerveza
g) el coñac
h) la limonada

54 SE LOGER (À L'HÔTEL)

Pour prendre *une chambre* (**una habitación**) :

- **¿Les quedan habitaciones libres?** *Est-ce qu'il vous reste des chambres libres ?*
- **¿Tienen habitaciones libres para dos personas para tres noches?** *Auriez-vous une chambre libre pour deux personnes pour trois nuits ?*
- **¿Cuánto cuesta una habitación individual|una habitación para dos?** *Quel est le tarif pour une nuit en chambre individuelle|double ?*
- **Prefiero una cama de matrimonio|camas separadas.** *Je préfère un lit double|des lits séparés.*
- **¿Las habitaciones disponen de aire acondicionado?** *Les chambres sont-elles climatisées ?*
- **Quiero una habitación con vistas al mar|con vistas a la montaña** ou **a la sierra.** *Je voudrais une chambre avec vue sur mer|sur la montagne.*
- **¿El desayuno está incluido?** *Le petit déjeuner est-il compris ?*

L'arrivée à l'hôtel (**al llegar al hotel**) :

- **Tengo una reserva a nombre de Landais.** *J'ai une réservation au nom de Landais.*
- **Rellene por favor este formulario.** *Veuillez compléter cette fiche, s'il vous plaît.*
- **La llave de la habitación 317, por favor.** *La clé de la chambre 317, s'il vous plaît.*
- **¿Puedo dejar esto en la caja fuerte?** *Puis-je laisser ceci dans le coffre-fort ?*

- **¿A qué hora sirven el desayuno?** *À quelle heure sert-on le petit déjeuner ?*

Pour faire appel au *service de chambre* **(el servicio de habitaciones)** :

- **¿Cuál es el número de la recepción?** *Quel est le numéro pour appeler la réception ?*
- **¿Puede darme otra almohada|otra manta?** *Pourrais-je avoir un oreiller|une couverture supplémentaire ?*
- **Despiértenme por favor a las seis y media.** *Je voudrais être réveillé(e) à 6 h 30, s'il vous plaît.*
- **¿Nos puede llamar un taxi para las once?** *Pourriez-vous nous appeler un taxi pour 11 heures ?*

Le départ de l'hôtel **(al irse del hotel)** :

- **¿A qué hora hay que desocupar la habitación?** *À quelle heure faut-il libérer la chambre ?*
- **¿Puedo dejar el equipaje aquí en la recepción y venir a recogerlo más tarde?** *Puis-je laisser mes bagages ici à la réception et les récupérer plus tard dans la journée ?*

Attention, le mot **el equipaje** ne fait pas référence au *personnel de bord*, qui se dit **la tripulación**, mais aux *bagages*.

Vous décidez de partir en vacances avec vos trois enfants. Vous téléphonez à l'hôtel pour réserver des chambres. Demandez des renseignements ! Rédigez la conversation.

55 LE PASSÉ COMPOSÉ

Le passé composé (**pretérito perfecto**) se forme avec le verbe auxiliaire **haber** (conjugué au présent de l'indicatif) + participe passé.

haber (*avoir*) : **he, has, ha, hemos, habéis, han.**

> Pour les temps composés, il n'y a qu'un seul et unique verbe auxiliaire : **haber** (*avoir*).
> **He terminado.** *J'ai fini.*
> **Has llegado temprano.** *Tu es arrivé tôt.*

Le participe passé pour les verbes réguliers est toujours invariable et se forme comme suit :

– verbes en **-ar** → radical + **-ado**
– verbes en **-er** et en **-ir** → radical + **-ido**

■ **El niño ha jugado, comido y dormido.** *L'enfant a joué, mangé et dormi.*

Principaux verbes ayant un participe irrégulier :

abrir (*ouvrir*) → **abierto**
decir (*dire*) → **dicho**
cubrir (*couvrir*) → **cubierto**
escribir (*écrire*) → **escrito**
hacer (*faire*) → **hecho**
morir (*mourir*) → **muerto**
poner (*mettre*) → **puesto**
romper (*casser*) → **roto**
ver (*voir*) → **visto**
volver (*revenir*) → **vuelto**.

Les adverbes qui accompagnent un temps composé peuvent se placer après (le plus fréquent) ou avant le verbe, mais jamais entre l'auxiliaire et le participe passé :
Ya he terminado. ou **He terminado ya.** *J'ai déjà fini.*

Le passé composé s'emploie pour parler d'une action ou d'une situation qui a eu lieu dans une période du passé et qui se prolonge jusqu'au moment présent.

Il s'emploie avec des expressions de temps telles que : **hoy** (*aujourd'hui*), **esta mañana** (*ce matin*), **esta tarde** (*cet après-midi*), **esta noche** (*ce soir ; cette nuit*), **esta semana** (*cette semaine*), **este mes** (*ce mois-ci*), etc. :

- **Este verano ha hecho mucho calor.** *Cet été, il a fait très chaud.*

Mais on l'emploie aussi avec des adverbes de temps tels que **ya** (*déjà*), **todavía** ou **aún** (*encore*), **siempre** (*toujours*), **nunca** ou **jamás** (*jamais*) :

- **Nunca he estado en América Latina.** *Je ne suis jamais allé en Amérique latine.*

Mettez les verbes entre parenthèses au passé composé :
a) ¿Qué te (decir) ... el médico?
b) Esta mañana (yo – llegar) ... tarde al trabajo.
c) ¿Dónde (tú – poner) ... las llaves del coche?
d) Hoy (nosotros – ducharse) ... con agua fría.

56 FAIRE UNE RÉSERVATION

Pour savoir si *une réservation* (**una reserva**) est nécessaire :

- **¿Hay que reservar?** *Faut-il réserver ?*

En Espagne, on dit **una reserva** ; en Amérique latine, on dit **una reservación**.

Pour faire une réservation au *restaurant* (**el restaurante**) :

- **Querría reservar una mesa para dos para esta noche|para mañana sobre las nueve.** *Je voudrais réserver une table pour deux pour ce soir|demain soir vers neuf heures.*

Pour faire une réservation à *l'hôtel* (**el hotel**) :

- **¿Tienen habitaciones para dos personas para tres noches?** *Auriez-vous une chambre pour deux personnes pour trois nuits ?*
- **Querría reservar una habitación individual|para dos personas del 4 al 14 de agosto.** *Je voudrais réserver une chambre individuelle|double du 4 au 14 août.*
- **¿Hay que dar una señal?** *Faut-il verser des arrhes ?*

Pour faire une réservation de billets de *transport* (**el transporte**) :

- **Un billete sencillo|de ida y vuelta para Segovia.** *Un aller simple|aller-retour pour Ségovie.*

- **Querría reservar un billete en primera|segunda clase para Córdoba.** *Je voudrais réserver un billet en première|seconde classe pour Cordoue.*
- **La ida el 6 y la vuelta el 11.** *L'aller (ce sera) le 6 et le retour le 11.*
- **Quiero cambiar|cancelar|confirmar mi reserva.** *Je voudrais changer|annuler|confirmer ma réservation.*

Pour dire qu'on a réservé :

- **Tenemos una mesa reservada a nombre de Blanchard.** *Nous avons réservé une table au nom de Blanchard.*
- **He reservado una habitación a nombre de Fournier.** *J'ai réservé une chambre au nom de Fournier.*

Vous décidez d'aller dîner au restaurant, mais vous prenez la précaution de réserver. Vous téléphonez pour réserver une table pour quatre personnes à 20 h.

57 LES LOISIRS

Pour demander à quelqu'un quels sont *ses loisirs* (**las distracciones**) :

- **¿Qué te gusta hacer durante el tiempo de ocio?** *Qu'est-ce que tu aimes faire pendant ton temps libre ?*
- **¿Hay algo que te apasione?** *Est-ce que tu as des passions ?*

Pour poser des questions concrètes sur certains loisirs :

- **¿Sabes tocar la guitarra?** *Tu sais jouer de la guitare ?*
- **¿Has tomado clases de cerámica?** *Tu as pris des cours de poterie ?*
- **¿Has visto la última película de Amenábar?** *As-tu vu le dernier film d'Amenábar ?*
- **¿Practicas algún deporte?** *Pratiques-tu un sport ?*
- **¿Has buceado ya?** *As-tu déjà fait de la plongée ?*
- **¿Te gusta jugar al fútbol?** *Est-ce que tu aimes jouer au football ?*

Pour parler de ses loisirs :

- **Me gusta mucho dibujar y pintar.** *J'aime beaucoup dessiner et peindre.*
- **Me encanta jugar a cartas|al ajedrez.** *J'adore jouer aux cartes|aux échecs.*
- **Lo mío son los videojuegos.** *Mon truc, c'est les jeux vidéo.*
- **Hago danza clásica.** *Je fais de la danse classique.*
- **Colecciono sellos.** *Je collectionne les timbres.*

Pour parler des *sports* (**los deportes**) :

- **¿Echamos una partida de tenis?** *On se fait un match de tennis ?*
- **Voy a menudo a la piscina.** *Je vais souvent à la piscine.*
- **Nunca he esquiado.** *Je n'ai jamais fait de ski.*
- **Nunca he probado hacer snowboard.** *Je n'ai jamais essayé le surf des neiges.*
- **Me gusta ver el rugby en la tele, pero no practicarlo.** *J'aime bien regarder le rugby à la télé, mais pas le pratiquer.*
- **No me va mucho el deporte.** *Je ne suis pas très sportif.*

(Voir aussi la fiche **58** sur *Les sports*.)

Vous venez de rencontrer quelqu'un et vous faites connaissance. Parlez-lui de vos loisirs. Rédigez la conversation.

58 LES SPORTS

Les sports (**los deportes**) les plus populaires :

- **el fútbol** *le football*
- **el tenis** *le tennis*
- **el baloncesto** *le basket*
- **el balonmano** *le handball*
- **el voleibol** *le volley-ball*
- **el rugby** *le rugby*
- **el atletismo** *l'athlétisme*
- **la gimnasia** *la gymnastique*
- **el footing** *le jogging*
- **el ciclismo** *le cyclisme*
- **el judo** *le judo*
- **la equitación** *l'équitation*
- **el golf** *le golf*
- **la natación** *la natation*
- **la vela** *la voile*
- **el esquí acuático** *le ski nautique*
- **el windsurf** *la planche à voile*
- **el buceo** ou **el submarinismo** *la plongée*
- **el esquí (alpino|de fondo)** *le ski (alpin|de fond)*
- **el patinaje sobre hielo** *le patinage sur glace*
- **el alpinismo** ou **el montañismo** *l'alpinisme*
- **la escalada** *l'escalade*
- **el trekking** *le trekking*

On emploie **hacer** ou **practicar**, sans article :
Hago natación. *Je fais de la natation.*
En revanche, avec **jugar a,** on emploie l'article :
Jugamos al tenis. *Nous jouons au tennis.*

Séparez en sports individuels et sports collectifs :

a) el judo
b) el ciclismo
c) el baloncesto
d) el tenis
e) el golf
f) el esquí
g) la gimnasia
h) el fútbol
i) el esgrima
j) el voleibol

59 LES ACTIVITÉS CULTURELLES

Pour se renseigner sur les activités à faire :

- **¿Dónde está la oficina de turismo?** *Où est l'office de tourisme ?*
- **¿Podría darme documentación sobre los museos|las actividades culturales|las fiestas?** *Pourrais-je avoir de la documentation sur les musées|les activités culturelles|les festivités ?*
- **¿Qué exposiciones hay actualmente?** *Qu'est-ce qu'il y a comme expos en ce moment ?*

Pour aller visiter *un musée* (**un museo**) :

- **¿Hacen reducciones para los estudiantes|los grupos|los parados|los jubilados?** *Y a-t-il des réductions pour les étudiants|les groupes|les chômeurs|les retraités ?*
- **¿Hay visitas guiadas en francés?** *Y a-t-il des visites guidées en français ?*
- **¿A qué hora empieza la visita?** *À quelle heure commence la visite ?*
- **Quiero un audioguía en francés.** *Je voudrais un audioguide en français.*
- **¿En qué sala están "Las Meninas" ?** *Dans quelle salle se trouvent « Las Meninas » ?*
- **¿Se pueden sacar fotos?** *Est-ce qu'on peut prendre des photos ?*

Pour aller voir *un spectacle* (**un espectáculo**) :

- **¿A qué hora empieza la obra de teatro?** *À quelle heure commence la pièce de théâtre ?*
- **¿Cuánto dura el concierto?** *Combien de temps dure le concert ?*
- **¿Los asientos están numerados o cada uno se sienta donde quiere?** *Les places sont-elles numérotées ou est-ce en placement libre ?*

À quoi correspond la définition suivante ?
Lugar en el que se guardan y se exponen al público objetos de valor artístico, científico o cultural.

a) un museo
b) una oficina de turismo
c) un concierto
d) un teatro

60 INVITER

Pour *inviter* (**invitar**) quelqu'un :

- **¿Qué haces esta noche?** *Qu'est-ce que tu fais ce soir ?*
- **¿Te apetece venir al cine conmigo?** *Ça te dit d'aller au cinéma avec moi ?*
- **Me gustaría invitaros a una fiesta, a tu amigo y a ti.** *Je voudrais vous inviter à une soirée, ton ami et toi.*
- **¿Y si vamos a bailar?** *Et si on allait danser ?*
- **Vamos a comer un helado, ¿quieres venir con nosotros?** *Nous allons manger une glace, tu veux venir avec nous ?*

Pour *accepter l'invitation* (**aceptar una invitación**) de quelqu'un :

- **Sí. Gracias por la invitación.** *Oui. Merci pour ton invitation.*
- **¡Sí, con mucho gusto!** *Oui, avec plaisir !*
- **¡Claro! ¡Por supuesto!** *Oui ! Bien sûr !*
- **¡Es una excelente idea!** *C'est une super idée !*
- **¿Cuándo?** *C'est quand ?*
- **¡Vale! ¿Cómo quedamos?** *D'accord ! Comment fait-on ?*
- **Podemos quedar a las ocho dentro del bar.** *Nous pouvons nous donner rendez-vous à 20 heures à l'intérieur du bar.*

Pour *décliner l'invitation* (**rechazar una invitación**) de quelqu'un :

- **No, gracias, aborrezco este tipo de lugares.** *Non, merci, je déteste ce genre d'endroit.*
- **No me apetece en absoluto.** *Ça ne me dit rien du tout !*
- **Lo siento, pero no puedo.** *Désolé(e), mais je ne peux pas.*
- **Ya he quedado.** ou **Tengo ya un compromiso.** *Je suis déjà pris(e).*
- **No me va bien tan pronto|tarde.** *C'est trop tôt|tard pour moi.*
- **Desgraciadamente tengo que coger un avión.** *J'ai malheureusement un avion à prendre.*
- **Prefiero no salir esta noche.** *Je préfère ne pas sortir ce soir.*

Vous invitez votre collègue de travail à venir dîner chez vous. Rédigez la conversation.

61 LE PASSÉ SIMPLE : VERBES RÉGULIERS

Au passé simple (**pretérito indefinido**) les verbes réguliers se forment comme suit :

	habl-ar	**com-er**	**viv-ir**
(yo)	habl-**é**	com-**í**	viv-**í**
(tú)	habl-**aste**	com-**iste**	viv-**iste**
(él, ella; usted)	habl-**ó**	com-**ió**	viv-**ió**
(nosotros, -as)	habl-**amos**	com-**imos**	viv-**imos**
(vosotros, -as)	habl-**asteis**	com-**isteis**	viv-**isteis**
(ellos, ellas; ustedes)	habl-**aron**	com-**ieron**	viv-**ieron**

Attention à certains changements orthographiques à la 1re personne de certains verbes en **-ar** :
– verbes en **-car** (**c** → **qu**) : **tocar** (*toucher*) : **toqué**, **tocaste**...
– verbes en **-zar** (**z** → **c**) : **organizar** (*organiser*) : **organicé**, **organizaste**...
– verbes en **-gar** (**g** → **gu**) : **llegar** (*arriver*) : **llegué**, **llegaste**...

Notez que pour les verbes se terminant en **-ar** et ceux se terminant en **-ir** la forme est la même que celle du présent de l'indicatif. Toutefois, le contexte nous permet toujours d'identifier de quel temps il s'agit.

Le **pretérito indefinido** s'emploie pour parler d'une action ou d'une situation qui a eu lieu dans une période du passé qui est déjà terminée.

Il s'emploie avec des expressions de temps telles que : **ayer** (*hier*), **anoche** (*hier soir*), **el lunes** (*lundi*), **el martes** (*mardi*), **el otro día** (*l'autre jour*), **hace dos días** (*il y a deux jours*), **hace tres años** (*il y a trois ans*), **la semana pasada** (*la semaine dernière*), **el mes pasado** (*le mois dernier*), **el año pasado** (*l'année dernière*), **en febrero** (*en février*), **en junio** (*en juin*), **en Navidad** (*à Noël*), etc.

- **Picasso nació en Málaga en 1881.** *Picasso est né à Malaga en 1881.*

> Ce temps s'emploie très couramment en espagnol, et dans la plupart des cas il faut le traduire par le passé composé.
> De même, ce temps s'emploie dans de nombreuses régions d'Amérique latine à la place du **pretérito indefinido** :
> **Esta mañana me quedé en casa.** *Ce matin, je suis resté chez moi.*

Répondez à ces questions par des phrases complètes :

a) ¿Dónde compró la carne? (supermercado)
b) ¿Qué hicisteis anoche? (ver la tele)
c) ¿A qué hora llegaste? (8:00)
d) ¿Dónde nacieron tus padres? (Granada)

62 LE PASSÉ SIMPLE : VERBES IRRÉGULIERS

Certains verbes ont une 3e personne irrégulière :

– verbes en **e** + consonne(s) + **-ir** : **e → i**

– verbes en **o** + consonne(s) + **-ir** : **o → u**

	ped-ir	**dorm-ir**
(yo)	ped-**í**	dorm-**í**
(tú)	ped-**iste**	dorm-**iste**
(él, ella; usted)	pid-**ió**	durm-**ió**
(nosotros, -as)	ped-**imos**	dorm-**imos**
(vosotros, -as)	ped-**isteis**	dorm-**isteis**
(ellos, ellas; ustedes)	pid-**ieron**	durm-**ieron**

- **Nos sirvieron un vino estupendo.** *On nous a servi un très bon vin.*
- **Picasso murió en 1973.** *Picasso est mort en 1973.*

Le **i** entre deux voyelles devient **y** :
leer (*lire*) : (yo) **leí**, (tú) **leíste**, (él, ella, usted) **leyó**, (nosotros, -as) **leímos**, (vosotros, -as) **leísteis**, (ellos, ellas, ustedes) **leyeron**.

Verbes irréguliers qui changent de radical :
decir (*dire*) → **dij-**, **estar** (*être*) → **estuv-**, **haber** (*avoir*) → **hub-**, **hacer** (*faire*) → **hic-**, **poder** (*pouvoir*) → **pud-**, **poner** (*mettre*) → **pus-**, **querer** (*vouloir*) →

quis-, **saber** (*savoir*) → **sup-**, **tener** (*avoir*) → **tuv-**, **traer** (*apporter*) → **traj-**, **venir** (*venir*) → **vin-**

Ils ont une terminaison irrégulière : **-e**, **-iste**, **-o**, **-imos**, **-isteis**, **-ieron**.

À la liste précédente, il faut ajouter tous les verbes se terminant par **-ducir** et qui font **-duj-** :

- **La compañía redujo los gastos.** *L'entreprise a réduit ses dépenses.*

Lorsqu'on ajoute la 3e personne du pluriel à un radical se terminant en **j**, le **i** de la terminaison disparaît :
No nos dijeron nada. *Ils ne nous ont rien dit.*

Verbes complètement irréguliers :
– **dar** (*donner*) : **di**, **diste**, **dio**, **dimos**, **disteis**, **dieron**
– **ser** (*être*)|**ir** (*aller*) : **fui**, **fuiste**, **fue**, **fuimos**, **fuisteis**, **fueron**

Conjuguez le verbe entre parenthèses à la forme correcte du passé simple :
a) ¿Qué te (decir) ... el médico?
b) El año pasado yo y mis padres (ir) ... de vacaciones a México.
c) Tú no (saber) ... la respuesta.
d) ¿Qué (hacer) ... Elena y tú anoche?.

63 L'IMPARFAIT DE L'INDICATIF

Les verbes réguliers se forment comme suit :

	habl-ar	**com-er**	**viv-ir**
(yo)	habl-**aba**	com-**ía**	viv-**ía**
(tú)	habl-**abas**	com-**ías**	viv-**ías**
(él, ella ; usted)	habl-**aba**	com-**ía**	viv-**ía**
(nosotros, -as)	habl-**ábamos**	com-**íamos**	viv-**íamos**
(vosotros, -as)	habl-**abais**	com-**íais**	viv-**íais**
(ellos, ellas ; ustedes)	habl-**aban**	com-**ían**	viv-**ían**

Les seuls trois verbes irréguliers :

ver (*voir*) : **veía**, **veías**, **veía**, **veíamos**, **veíais**, **veían**
ser (*être*) : **era**, **eras**, **era**, **éramos**, **erais**, **eran**
ir (*aller*) : **iba**, **ibas**, **iba**, **íbamos**, **ibais**, **iban**

L'imparfait sert à exprimer :

– l'habitude ou la répétition d'une action qui se déroule dans le passé :

- **Visitaba a su abuela todos los días.** *Il rendait visite à sa grand-mère tous les jours.*

– la description de personnes, choses ou endroits au passé :

▪ **Hacía buen tiempo y el sol brillaba.** *Il faisait beau et le soleil brillait.*

– la durée :

▪ **Dormía tranquilamente, cuando el teléfono sonó.** *Je dormais tranquillement quand le téléphone a sonné.*

Choisissez la forme correcte :

a) Antes viajábamos|viajíamos en tren, ahora vamos en avión.

a) Haceba|Hacía buen tiempo y el sol brillaba|brillía.

b) Cuando seaba|sía|era joven, escribaba|escribía poesías.

64 RACONTER UNE HISTOIRE

Dans le récit, on emploie essentiellement deux temps du passé :

le *passé simple* (**pretérito perfecto**)	l'imparfait
– une action unique : **Ayer llegó tarde al trabajo.** *Hier, il est arrivé tard au travail.*	– une habitude ou une action qui se répète : **Siempre llegaba tarde al trabajo.** *Il arrivait toujours tard au travail.*
– une action ponctuelle : **El verano pasado estuvimos en México.** *L'été dernier, nous sommes allés au Mexique.*	– une action qui dure : **Cuando estábamos en México, hubo un terremoto.** *Quand nous étions au Mexique, il y a eu un tremblement de terre.*
– le temps du récit : il exprime une suite d'actions : **Llegó, se cambió de ropa y volvió a irse.** *Il est arrivé, s'est changé et est reparti.*	– le temps de la description : il donne les circonstances qui entourent une action passée, c'est un temps d'arrière-plan : **Era de noche y llovía.** *Il faisait noir et il pleuvait.*

Pour organiser ses idées :

- **Primero|Segundo|Tercero** *D'abord|Deuxièmement|Troisièmement*
- **Después** ou **Luego** *Après* ou *Ensuite...*
- **En último lugar...** ou **Por último...** *Enfin...*

Pour donner des éclaircissements :
- **Es decir** ou **O sea** ou **Esto es...** *C'est-à-dire...*

Pour ajouter des idées :
- **Y...** *Et...*
- **Además...** *En plus...*
- **También...** *Aussi...*
- **Por otra parte** ou **Por otro lado...** *Par ailleurs...*

Pour attirer l'attention sur un point :
- **A propósito de...** *À propos de...*
- **En cuanto a...** *Quant à...*
- **Con relación a** ou **Con respecto a...** *Par rapport à...*
- **Cabe destacar...** *Il faut souligner...*

Pour résumer :
- **Resumiendo** ou **En resumen...** *En résumé...*

Pour conclure :
- **Para terminar** ou **concluir...** *Pour terminer* ou *conclure...*

Choisissez la forme correcte :

a) Ayer me llamó|llamaba mi amiga madrileña.
b) Hizo|Hacía mucho tiempo que no tuve|tenía noticias de ella.
c) Nos conocimos|conocíamos en la universidad.
d) En aquella época yo viví|vivía en Madrid.

65 DONNER SON AVIS

Pour demander à quelqu'un son ressenti :

- **¿Qué piensas tú de esto?** *Qu'en penses-tu ?*
- **¿Cuál es tu punto de vista?** *Quel est ton point de vue ?*

Pour donner son avis :

- **Pienso que...** *Je pense que...*
- **Encuentro que...** *Je trouve que...*
- **Me parece que...** *Il me semble que...*
- **Tengo la impresión de que...** *J'ai l'impression que...*
- **A mi juicio...** ou **A mi parecer...** *À mon avis...*
- **Bajo mi punto de vista...** *D'après moi...*
- **En cuanto a mí...** *En ce qui me concerne...*

Pour dire que vous avez aimé, et exprimer votre enthousiasme :

- **¡Me ha(n) encantado!** *J'ai adoré !*
- **¡Es precioso|magnífico|interesante impresionante|romántico!** *C'est beau|magnifique|intéressant|époustouflant|romantique !*
- **¡Menuda maravilla!** *Quelle merveille !*
- **¡Vaya casa!** *En voilà une maison !*
- **¡Hay unos paisajes espectaculares!** *Il y a des paysages spectaculaires !*

L'exclamation porte :
– sur un nom ou un adjectif :
¡Qué + nom|adjectif**!**
¡Qué calor! *Quelle chaleur !*
¡Qué caliente está! *Qu'est-ce que c'est chaud !*
– sur un nom accompagné d'un adjectif :
¡Qué + nom + **más** ou **tan** + adjectif**!**
¡Qué vestido más ou **tan bonito!** *Quelle belle robe !*
– sur un verbe :
¡Cuánto ou **Cómo** + verbe**!**
¡Cómo llueve! *Qu'est-ce qu'il pleut !*
– sur une quantité, un nombre :
¡Cuánto(-a)(s) + nom**!**
¡Cuántos idiomas hablas! *Qu'est-ce que tu parles comme langues !*
¡Cuánta gente! *Quel monde !*

Pour dire que vous n'avez pas aimé, et exprimer votre déception :

- **¡No me ha(n) gustado demasiado|nada!** *Je n'ai pas trop aimé|pas aimé du tout !*
- **¡Es extraño|feo|horrible!** *C'est bizarre|moche|horrible !*
- **No presenta ningún interés.** *Ça ne présente aucun intérêt.*
- **No me va mucho el arte moderno.** *Je ne suis pas fana d'art moderne.*

Vous êtes allé(e) voir un film dont on a beaucoup parlé. Donnez votre avis.

66 CHEZ LE MÉDECIN

Pour *demander un rendez-vous* (**pedir hora**) :

- **Necesito un dentista.** *J'ai besoin d'un dentiste.*
- **Quiero pedir hora para hoy|para lo antes posible.** *Je souhaiterais prendre un rendez-vous pour aujourd'hui|le plus tôt possible.*
- **Necesito un médico que hable francés.** *J'ai besoin d'un médecin qui parle français.*

Pour décrire *les symptômes* (**los síntomas**) :

- **¿Que le pasa?** *Qu'avez-vous ?*
- **Me siento mal.** *Je ne me sens pas bien.*
- **Estoy enfermo(-a).** *Je suis malade.*
- **Me duele aquí|todo.** *J'ai mal ici|partout.*
- **Tengo fiebre desde anoche.** *Depuis hier soir, j'ai de la fièvre.*
- **Tengo náuseas|diarrea.** *J'ai la nausée|la diarrhée.*

Pour expliquer ce qui est arrivé :

- **Me he dado un golpe.** *Je me suis cogné(e).*
- **Me he hecho daño en la mano.** *Je me suis fait mal à la main.*
- **Me he caído.** *Je suis tombé(e).*
- **Me he cortado.** *Je me suis coupé(e).*
- **Me he torcido el tobillo.** *Je me suis foulé la cheville.*
- **Tengo dolor de muelas.** *J'ai une rage de dents.*
- **Me ha picado una medusa.** *Je me suis fait piquer par une méduse.*

Pour donner d'autres renseignement importants :

- **Soy diabético(-a).** *Je suis diabétique.*
- **Estoy embarazada.** *Je suis enceinte.*

Le verbe **doler** a la même construction particulière que **gustar**.
Me duele la cabeza. *J'ai mal à la tête.*
Mais vous pouvez tout simplement employer l'expression **tener dolor de** + la partie du corps :
Tengo dolor de cabeza.

Pour passer *un examen médical* **(la visita médica)** :

- **Desnúdese de cintura para arriba.** *Mettez-vous torse nu|Enlevez le haut.*
- **Túmbese.** *Allongez-vous.*
- **Respire hondo.** *Respirez fort.*
- **¿Le duele cuando aprieto aquí?** *Ça vous fait mal quand j'appuie là ?*

Quelques *diagnostics* **(el diagnóstico)** :

- **Tiene que descansar|ir al hospital.** *Vous devez vous reposer|aller à l'hôpital.*
- **Aquí tiene la receta para ir a la farmacia.** *Voici une ordonnance pour aller à la pharmacie.*
- **¿Es grave|contagioso?** *C'est grave|contagieux ?*

Vous vous sentez mal depuis quelques jours. Dans le cabinet du médecin, vous lui expliquez vos symptômes. Rédigez le dialogue.

67 À LA PHARMACIE

Pour trouver *une pharmacie* **(una farmacia)** :

- **Estoy buscando una farmacia.** *Je cherche une pharmacie.*
- **¿Sabe si hay una farmacia de guardia por aquí?** *Savez-vous s'il y a une pharmacie de garde par ici ?*

Pour demander *un médicament* **(un medicamento)** :

- **Necesito esparadrapo|tiritas.** *Il me faudrait du sparadrap|des pansements.*
- **Quiero paracetamol|líquido para las lentillas.** *Je voudrais du paracétamol|une solution pour mes lentilles.*
- **Deme aspirinas|preservativos, por favor.** *Donnez-moi de l'aspirine|des préservatifs, s'il vous plaît.*

Pour se renseigner sur le médicament :

- **¿Qué dosis me tomo?** *Combien dois-je en prendre ?*
- **¿Con qué frecuencia?** *À quelle fréquence ?*
- **Hay que tomar una cucharadita después de|antes de|con las comidas.** *Il faut prendre une cuillerée à café après|avant|pendant les repas.*
- **Hay que tomar tres gotas una vez|tres veces al día.** *Il faut prendre trois gouttes une|trois fois par jour.*
- **¿Tiene algún efecto secundario?** *Y a-t-il des effets secondaires ?*

Pour demander un conseil :

- **Me he resfriado.** *J'ai attrapé un rhume.*

- **¿Tiene algo para la tos|la diarrea?** *Avez-vous quelque chose contre la toux|la diarrhée ?*
- **Quiero un medicamento para la fiebre del heno.** *Je voudrais un médicament contre le rhume des foins.*
- **Me he quemado con el sol.** *J'ai attrapé un coup de soleil.*

Traduisez :

a) Hay que tragar el comprimido entero con el estómago vacío.
b) ¿Me puede aconsejar un producto para los mosquitos?
c) Me ha picado una medusa.

68 AU TÉLÉPHONE

Pour demander le numéro de téléphone :

- **¿Cuál es tu|su número de teléfono?** *Quel est ton|votre numéro de téléphone ?*

Pour utiliser un appareil :

- **¿Dónde hay una cabina telefónica?** *Où y a-t-il une cabine téléphonique ?*
- **¿Puedo usar tu teléfono?** *Puis-je utiliser ton téléphone ?*
- **¿Me prestas tú móvil? Tengo que hacer una llamada muy urgente...** *Est-ce que je peux emprunter ton portable ? J'ai un appel très urgent à passer...*

Pour répondre au téléphone :

- **¿Diga?** ou **¿Dígame?** ou **Sí?** *Allô !*
- **¿Con quién hablo?** *Qui est à l'appareil ?*
- **¿De parte de quién?** *C'est de la part de qui ?*

Pour s'annoncer au téléphone et faire une demande :

- **¿Diga? Soy Pierre Pivert.** *Allô ? C'est Pierre Pivert.*
- **¿Puedo hablar con Jaime, por favor?** *Est-ce que je peux parler à Jaime, s'il vous plaît ?*
- **¿Está Teresa?** *Est-ce que Teresa est là ?*

Pour transférer un appel :

- **Un momento, por favor.** *Un instant, s'il vous plaît.*
- **No cuelgue.** *Ne quittez pas.*
- **Se lo paso.** *Je vous mets en relation.*

Si votre interlocuteur n'est pas disponible :

- **Volveré a llamar más tarde.** *Je rappellerai plus tard.*
- **¿Le puede decir que he llamado?** *Pouvez-vous lui dire que j'ai appelé ?*
- **¿Le puede dar un recado?** *Pouvez-vous lui transmettre un message ?*

S'il s'agit d'une erreur :

- **Creo que se equivoca.** *Je pense que vous faites erreur.*

Pour signaler des incidents lors de la conversation :

- **¿Oiga?** *Allô ?*
- **Te|Le oigo muy mal.** *Je t'|vous entends très mal.*
- **Se ha cortado.** *On a été coupés.*

Los locutorios sont des établissements que l'on trouve un peu partout, d'où l'on peut effectuer des appels vers l'étranger mais qui disposent également d'ordinateurs pour se connecter à Internet.

Vous appelez un ami sur son lieu de travail. Vous tombez sur sa secrétaire. Vous laissez un message au standard.
Rédigez la conversation.

69 SUR INTERNET

Dans *un cybercafé* (**un cibercafé**) :

- **¿Dónde hay un cibercafé?** *Où y a-t-il un cybercafé ?*
- **¿Cuánto cuesta conectarse media hora|una hora?** *Combien coûte la connexion pour une demi-heure|une heure ?*
- **Quiero imprimir|escanear un documento.** *Je voudrais imprimer|scanner un document.*
- **¿Tiene auriculares|un micrófono|una webcam?** *Puis-je avoir un casque|un micro|une webcam ?*
- **¿Cómo funciona la webcam?** *Comment la webcam marche-t-elle ?*

Pour se connecter à un réseau :

- **¿Cuál es la contraseña para conectarse al wifi?** *Quel est le mot de passe pour se connecter au réseau Wi-Fi ?*
- **¿Cómo me conecto|me desconecto?** *Comment est-ce que je me connecte|déconnecte ?*
- **No consigo conectarme.** *Je n'arrive pas à me connecter.*

Pour utiliser *un ordinateur* (**un ordenador**) :

- **¿Cómo enciendo|apago el ordenador?** *Comment est-ce que j'allume|j'éteins l'ordinateur ?*
- **Tengo un problema, el ordenador se ha bloqueado|se ha quedado colgado.** *J'ai un problème, l'ordinateur est bloqué|a planté.*
- **No encuentro la arroba en el teclado.** *Je ne trouve pas l'arobase sur le clavier.*

- **la pantalla** *l'écran*
- **el teclado** *le clavier*
- **la tecla** *la touche*
- **el ratón** *la souris*
- **el programa** *le logiciel*
- **el archivo** ou **el fichero** *le fichier*
- **la carpeta** *le dossier*

Sur les claviers espagnols, les touches ne sont pas disposées de la même façon que sur un clavier français. En effet, le clavier espagnol est un clavier QWERTY (des six premières lettres de la première rangée), tandis que le français est un clavier AZERTY.

Pour parler du *courrier électronique* (**el correo electrónico**) :

- **¿Cuál es tu dirección de correo electrónico?** *Quelle est ton adresse e-mail ?*
- **Tengo que enviar un correo electrónico.** *Il faut que j'envoie un e-mail.*

Pour parler des *réseaux sociaux* (**las redes sociales**) :

- **¿Estás en Facebook|Twitter?** *Tu es sur Facebook|Twitter ?*
- **Te añadiré como amigo.** *Je t'ajouterai comme ami.*

À quoi correspond la définition suivante ? Máquina que realiza operaciones aritméticas y lógicas con gran rapidez, para las cuales ha sido previamente programada.

a) un teclado ; b) una contraseña ; c) un ordenador ; d) la arroba

70 ÉCRIRE UNE LETTRE

Pour commencer une lettre :

– sur un ton formel :

- **Estimado Señor:|Estimada Señora:** *Monsieur,|Madame,*
- **Muy señor mío:|Muy señora mía:|Muy señores míos:** *Cher Monsieur,|Chère Madame,|Chers Madame, Monsieur,*
- **Distinguido Sr. director:** *Monsieur le Directeur,*
- **Apreciada Sra. Vega:** *Madame Vega,*

– sur un ton familier :

- **Querido...:|Querida...:** *Cher...,|Chère...,*
- **Querida Carmen:** *Chère Carmen,*
- **Querido amigo:** *Cher ami,*
- **¡Hola Carmen!** *Salut Carmen !*

Sur une enveloppe, le numéro s'inscrit après le nom de la rue, de la place... – **calle** (*rue*) (parfois abrégé **c/**), **avenida** (*avenue*), **plaza** (*place*), **paseo** (*promenade*), etc. –, et non pas devant.

Pour développer vos arguments :

- **Le escribo para...** *Je vous écris afin de...*
- **Le agradecería si pudiera...** *Je vous saurais gré de...*

Quelques formules utiles :

- **Con relación a...** *Suite à...*
- **Referente a su carta...** *Concernant votre lettre...*
- **En respuesta a su carta...** *En réponse à votre lettre...*
- **Lo antes posible.** *Dès que possible.*

- **Gracias por anticipado** ou **de antemano.** *Merci d'avance.*

Pour conclure un courrier :

– sur un ton formel :

- **Atentamente.** *Veuillez agréer mes sincères salutations.*
- **(Reciba) un cordial saludo.** *Cordialement.*
- **Atentos saludos.** *Meilleures salutations.*

– sur un ton familier :

- **Un (fuerte) abrazo.** *(Bien) affectueusement.*
- **Un beso muy fuerte.** *Je t'embrasse bien fort.*
- **Saludos.** *Salutations.*
- **(Muchos) Besos.** *(Gros) Bisous.*
- **Recuerdos a tu familia.** *Salue ta famille de ma part.*
- **Espero tener pronto noticias tuyas.** *J'espère avoir bientôt de tes nouvelles.*

Complétez le texte de cette carte postale avec les mots donnés :
besos – tiempo – querida – comida – ayer

a) ... Isabel.
b) Llegamos ... .
c) Hace un ... estupendo.
d) La ... es exótica pero muy buena.
e) Muchos ... .

ANNEXE 1 : QUELQUES FAUX AMIS

Il existe des mots espagnols qui ressemblent à des mots français mais dont le sens est très différent :

mot espagnol	équivalent en français	faux ami français	équivalent en espagnol
la arena	*le sable*	*les arènes*	**la plaza de toros**
asomar(se)	*apparaître ; se pencher*	*assommer*	**matar ; acogotar**
batir	*battre*	*bâtir*	**construir ; edificar**
un bombón	*un chocolat*	*un bonbon*	**un caramelo**
constipado(-a)	*enrhumé(e)*	*constipé(e)*	**estreñido(-a)**
débil	*faible*	*débile*	**necio(-a)**
discutir	*se disputer*	*discuter*	**hablar ; conversar**
embarazada	*enceinte*	*embarrassée*	**confusa ; molesta**
entender	*comprendre*	*entendre*	**oír**
el equipaje	*les bagages*	*l'équipage*	**la tripulación**
exprimir	*presser* (un fruit)	*exprimer*	**expresar**
el fracaso	*l'échec*	*le fracas*	**el estruendo**

la jubilación	*la retraite* (travail)	*la jubilation*	**el júbilo**
largo(-a)	*long(ue)*	*large*	**ancho(-a)**
la mancha	*la tache*	*la manche*	**la manga**
marchar	*partir ; aller*	*marcher*	**aller**
el nombre	*le nom*	*le nombre*	**el número**
la plancha	*le gril ; le fer à repasser*	*la planche*	**la tabla**
probar	*essayer*	*prouver*	**demostrar**
quitar	*ôter, enlever*	*quitter*	**dejar, abandonar**
raro(-a)	*bizarre*	*rare*	**escaso(-a)**
salir	*sortir*	*salir*	**ensuciar**
subir	*monter*	*subir*	**sufrir ; soportar**
el suceso	*l'événement ; le fait divers*	*le succès*	**el éxito**
la tabla	*la planche*	*la table*	**la mesa**

ANNEXE 2 : QUELQUES MOTS DE L'AMÉRIQUE LATINE

Des centaines de millions de personnes de partout dans le monde parlent l'espagnol, mais cette langue reste très homogène. Les variantes phonétiques, grammaticales ou lexicales sont négligeables.

Toutefois, certains mots sont différents ou ont un sens différent d'un pays à un autre :

en Amérique	en Espagne	traduction
la papa	**la patata**	*la pomme de terre*
el fríjol	**la judia**	*le haricot*
el damasco	**el albaricoque**	*l'abricot*
el jugo	**el zumo**	*le jus*
el carro	**el coche**	*la voiture*
manejar	**conducir**	*conduire*
los lentes, los anteojos	**las gafas**	*les lunettes*
el celular	**el móvil**	*le portable*
la computadora	**el ordenador**	*l'ordinateur*
el boleto	**el billete**	*le billet*
la visa	**el visado**	*le visa*
la plata	**el dinero**	*l'argent*

el apartamento, el departamento	**el piso**	*l'appartement*
la cuadra	**la manzana**	*le pâté de maisons*
botar	**tirar**	*jeter*
enojarse	**enfadarse**	*se fâcher*
arrendar	**alquilar**	*louer*
liviano(-a)	**ligero(-a)**	*léger(-ère)*

Coger (*prendre*) est un verbe complètement banal dans la Péninsule, mais a une très forte connotation sexuelle sur le continent américain. Employez donc plutôt **tomar**, qui veut dire la même chose.

LES CORRIGÉS DES EXERCICES

Fiche 2

1 : Entiendo *ou* Comprendo un poquito el español.
2 : ¿Qué significa (esta palabra)? ¿Cómo se escribe? ¿Puedes deletrearla?

Fiche 3

1 : b) De nada. 2 : Lo siento.
2 :

Fiche 4

1 : a) ¡Buenas tardes! ; b) ¡Buenas noches! ; c) ¡Buenos días! (ou tout simplement ¡Hola! dans les trois cas...) ;
2 : a) ¿Qué tal?

Fiche 5

a) un ; b) Ø ; c) El|un ; d) al (a + el) ; e) el ; f) Lo

Fiche 6

a) fém. ; b) masc. ; c) masc. et fém. ; d) masc. ; e) fém. ; f) fém. ; g) masc. ; h) masc. et fém. ; i) masc. ; j) masc. ; k) masc. ; l) fém. ; m) masc. ; n) fém.

Fiche 7

a) unas mujeres ; b) los niños ; c) las fiestas ; d) unas naciones ; e) los tabús ; f) unos peces ; g) los colores ; h) unos señores ; i) unas actrices ; j) unos análisis

Fiche 8

a) ellas ; b) vosotros ; c) nosotros ; d) ellos ; e) ustedes

Fiche 9

a) es ; b) es ; c) está ; d) están

Fiche 10

1 : a) tutoiement b) vouvoiement

Fiche 11

a) ojos ; b) orejas ; c) boca ; d) nariz ; e) manos

Fiche 12

1 : e

Fiche 13

Pablo es joven, alto y delgado. Tiene los ojos verdes. Es rubio y tiene el pelo largo. Lleva gafas. Es muy guapo.

Fiche 14

1 : a) Mi amiga alemana es baja y gorda. b) Es una chica seria y trabajadora. 2 : a) Estos medicamentos son muy eficaces. b) Tienen unos bolsos pequeños y marrones.

Fiche 15

a) mi ; b) nuestro ; c) su

Fiche 16

el suyo ; b) las nuestras | las vuestras; c) el mío

Fiche 18

a) la abuela ; b) la suegra ; c) el tío ; d) el primo

Fiche 19

a) el camarero ; b) el abogado ; c) el panadero; e) el fontanero; f) el peluquero

Fiche 20

a) ≠ antipática ; b) ≠ hipócrita ; c) ≠ cobarde ; d) ≠ aburrida ; e) ≠ humilde ; f) ≠ bien educada

Fiche 21

Es pequeño y rectangular. Es marrón, de piel. Es nuevo. Sirve para guardar el dinero.
La description correspond à **una cartera** (*un portefeuille*) ou **un monedero** (*un porte-monnaie*).

Fiche 22

La cuisine : b, f et h.
La salle de bains : a, c, e et g.
Intrus : d

Fiche 23

a) Un tren es más rápido que un avión. b) Un ramo de flores es menos caro que un diamante. *ou* Un ramo de flores cuesta menos que un diamante. c) Yo tengo tantos problemas como tú. d) El lago Titicaca es el más alto del mundo.

Fiche 24

a) enseña ; b) bebéis ; c) escribes ; d) vivimos ; e) necesito

Fiche 25

a) Pienso ; b) jugamos

Fiche 26

a) No oigo bien. b) No sabéis la respuesta. c) Doy clases de español. d) Viene de la playa.

Fiche 27

a) Me levanto y me lavo. b) Me quedo en casa para descansar. c) Os divertís mucho. d) No recuerdo su fecha de cumpleaños.

Fiche 28

a) ¿Cuándo nos vamos de vacaciones? b) ¿Quién gana mucho dinero? c) ¿Cómo se siente una señora en el metro? d) ¿Dónde como a menudo? e) ¿Qué necesitas?

Fiche 29

1 : a) cincuenta y siete ; b) sesenta y nueve ; c) once ; d) ochenta y cinco ; e) setenta y dos 2 : d, b, a et c

Fiche 30

a) Son las once (en punto) de la mañana. b) Son las siete menos cinco (de la tarde). c) Son las siete y venticinco (de la mañana). d) Son las diez menos cuarto (de la noche). e) Son las cuatro y media (de la tarde).

Fiche 31

a) el 25 (veinticinco) de diciembre ; b) el 1 (uno) de enero ; c) el 1 (uno) de mayo ; d) el 14 (catorce) de febrero ; e) el 21 (veintiuno) de junio

Fiche 32

a) Me lavo el pelo todos los días. b) Caroline ve a menudo la tele(visión). c) Escuchamos la radio de vez en cuando. d) Vamos pocas veces al cine. e) En verano a veces llueve.

Fiche 33

a) El turista está contemplando un monumento. b) El camarero está sirviendo el café. c) Javier está duchándose *ou* se está duchando en el cuarto de baño. d) Los niños están jugando en el jardín.

Fiche 34

a) 4 ; b) 2 ; c) 1 ; d) 3

Fiche 35

1 : a) quinientos sesenta y siete ; b) ciento veinticinco ; c) cien mil quinientos cuarenta y ocho ; d) dos mil trece ; e) noventa y un mil setecientos treinta y seis
2: Había cuatrocientos hombres y quinientas mujeres.

Fiche 36

a) por ; b) de … a *ou* desde … hasta ; c) durante ; d) a

Fiche 37

a) Os los explico. b) Tú me lo prestas. c) Se lo presento.

Fiche 38

a) Mañana iremos a la playa. b) ¿Vendrás a mi fiesta? c) Estoy cansada, voy a dormir. D) ¿Qué haréis el fin de semana que viene?

Fiche 39

Hace mal tiempo. Hace mucho frío. Estamos a diez grados *ou* Hace diez grados. Hay viento. Llueve a menudo.

Fiche 40

a) Nunca, siempre (temps) ; b) bastante (quantité) ; c) así (manière) ; d) cerca (lieu) ; e) Ahora (temps)

Fiche 41

a) ¿A qué distancia de aquí se encuentra la playa?
b) ¿Con qué frecuencia? c) ¿Para qué sirve (esto)? d) ¿Qué edad tiene? *ou* ¿Cuántos años tiene?

Fiche 42

a) entre ; b) hacia *ou* a ; c) cerca de ; d) alrededor de

Fiche 43

a) Hablad más despacio, por favor. b) ¡Venga aquí! c) Ten paciencia. d) Hagan lo que les digo.

Fiche 44

va ; b) Siga ; c) Tome ; d) está

Fiche 45

Fiche 46

a) descuento ; b) propongo ; c) oferta

Fiche 47

a) 3 ; b) 5 ; c) 1 ; d) 4 ; e) 2

Fiche 48

1 : a) gustan ; b) nos ; c) te … gustan

Fiche 49

Viandes : c, d, f et h
Poissons : a, b, et g

Intrus : e

Fiche 50

a) 5 ; b) 2 ; c) 4 ; d) 3 ; e) 1

Fiche 51

a) metro | centímetros ; b) kilos ; c) litros ;
d) kilómetros ; e) doble

Fiche 52

Una carta, por favor. Yo tomaré *ou* Quiero una paella.
De postre tomaré *ou* quiero un helado.

Fiche 53

Boisson alcoolisée : b, c, e, f et g
Boisson non alcoolisée : a, d et h (**una limonada** c'est *une citronnade* ; en espagnol, *la limonade* se dit **la gaseosa**)

Fiche 55

a) ha dicho ; b) he llegado ; c) has puesto; d) nos hemos duchado

Fiche 56

Querría reservar una mesa para cuatro para esta noche sobre las ocho.

Fiche 58

Sports individuels : b, e, f et g Sports collectifs : a, c, d, h, i et j

Fiche 59

a

Fiche 61

a) Compró la carne en el supermercado. b) Anoche vimos la tele. c) Llegué a las ocho. d) Mis padres nacieron en Granada.

Fiche 62

a) dijo ; b) fuimos ; c) supiste ; d) hicisteis

Fiche 63

a) viajábamos ; b) Hacía ... brillaba ; c) era ... escribía

Fiche 64

a) llamó ; b) Hacía ... tenía ; c) conocimos ; d) vivía

Fiche 67

a) Il faut avaler le comprimé en entier à jeun. b) Pouvez-vous me conseiller un produit contre les piqûres de moustiques ? c) Je me suis fait piquer par une méduse.

Fiche 69

c

Fiche 70

a) Querida ; b) ayer ; c) tiempo ; d) comida ; e) besos